懒妹美丽日记

王楠楠 著

金盾出版社

内 容 提 要

平时工作学习太忙，没有时间运动，没有时间去美容院，更没有过多的精力去看各种大段文字的保养经。如果你和作者一样因为太忙而变得慵懒，那么就翻一翻这本保养绘本吧！本书从作者日常的保养心得谈起，用通俗易懂的绘画形式将各种能轻松做到的美丽小窍门展现在读者面前。本书文字轻松幽默，插图简单生动，从护肤、化妆、日常保养……种种不同细节简单易行，就算是没有充沛精力的你，各种美丽小秘诀一看就能掌握。

图书在版编目(CIP)数据

懒妹美丽日记/王楠楠著.—北京：金盾出版社，2017.12
ISBN 978-7-5186-0771-6

Ⅰ.①懒… Ⅱ.①王… Ⅲ.①皮肤—护理—基本知识 Ⅳ.①TS974.11

中国版本图书馆 CIP 数据核字(2017)第 256952 号

金盾出版社出版、总发行
北京市太平路 5 号(地铁万寿路站往南)
邮政编码：100036 电话：68214039 83219215
传真：68276683 网址：www.jdcbs.cn
中画美凯印刷有限公司印刷、装订
各地新华书店经销
开本：850×1168 1/32 印张：6.125 字数：60 千字
2017 年 12 月第 1 版第 1 次印刷
印数：1～5 000 册 定价：28.00 元

人物介绍

南瓜妞妞（简称南瓜）

年龄：36（至今为止，年龄依旧无限增长中）
性别：♀
身高：162（暂无增长趋势）
体重：47kg（努力保持中）
性格：神经质、自恋
最喜欢的食物：卷心菜
最喜欢的运动：逛街（可以瘦身和买东西）
最喜欢的消遣：动漫、化妆
在意的部位：胸部、上臂、大腿
满意的部位：腰
最喜欢的女性：赵雅芝
自满的事情：经常被人当作20岁的小女生
近期理想：旅游（最好是埃及）
简单经历：国家一级化妆师、二级营养师。出版过《我最喜欢的化妆书》《28天美肌肌革命》《28天瘦身燃脂计划》（台湾版已经出版）等。

懒得运动！

懒得去美容院！

懒得去看各种文字保养经！

如果你和我一样懒，那么就翻一翻这本保养绘本吧！

和我一起“厚脸皮”地做一个永远年轻美丽的女孩！

我们的目标就是魅力增长，外表永远年轻！

目录

cosmetics

懒妹美丽日记

1月3日

从1号晚上开始，南瓜一直在和朋友们一起疯狂地斗地主→打麻将→唱歌→泡温泉→打麻将……直到今天早上才昏昏沉沉地回家蒙头就睡。

等晚上起床的时候，才发现皮肤惨白得没有血色，干巴巴的没有弹性……简直都可以媲美撒哈拉沙漠了。

而且更过分的是还被朋友讥笑长了“三只眼”——右眼袋鼓鼓的，把眼睛都比下去了。

皮肤比我们想象中的更加重要

在进行皮肤保养的时候，不要错误地认为皮肤只是一层皮而已。实际上皮肤是人体最大的器官，有着复杂的结构，分为表皮层、真皮层、组织层。正常人表皮与真皮合起来的厚度不超过1～2毫米，而且身体上每个部位皮肤的厚度都有差别，一般来说，眼睑的皮肤最薄，手掌、足下的皮肤最厚。

一个成年人的皮肤面积平均约为16000平方厘米，其主要作用是将人体内部与外在环境隔离，并阻止皮肤外部与内部的物质进行交换。皮肤能调节体温，感知压力、温度、疼痛，同时也是防御外在威胁的盾牌。皮肤还像一面镜子，当我们疲倦、营养不良、压力增加的时候，这些不良状态也能通过皮肤反映出来。

表皮层：表皮层即皮肤的外层。它的主要功能是为皮肤提供营养，保持皮肤弹性。表皮层主要由基底层、有棘层、颗粒层、角质层四层细胞所构成。最外层为角质层，是一层没有细胞核的细胞所组成的保护膜。当新细胞在皮肤较深层生成时，老化的细胞就会被推向表层从而导致其被压平或死去而形成角质层。角质层的厚度关系着皮肤细嫩程度与水分的保有度。在角质层下面的是颗粒层、有棘层。基底层位于真皮层的最里面，当细胞在这里产生以后，它不断往上推进，形成有棘层、颗粒层，最后到达角质层，这个过程大约需要14天，然后新生的角质层不断被由下往上的细胞取代而脱落，这又需要14天。因此，一个健康的表皮细胞新陈代谢过程约需28天。

真皮层：真皮层位于表皮之下，是皮肤最厚的一层，约占皮肤厚度的90%，皮肤大部分的重要工作都在这里完成。真皮层主要由神经、汗腺、皮脂腺、毛囊、血管、胶原蛋白、弹力蛋白等组成，真皮层的质量能影响表皮的外观，是皮肤最重要的部位。

组织层：组织层含有大量脂肪，可作为热能的绝缘体，还能缓冲外力带来的震荡。其主要作用是隔温、保护内脏、保持皮肤的莹润及光滑。

睡眠与皮肤的美丽息息相关

要想让皮肤更美丽，就要关注影响皮肤的每一个因素。睡眠不足会让皮肤变粗糙，但是睡眠不足对皮肤的影响是缓慢的，所以很多人并没有意识到这一点。

谈到保养皮肤在生活中应该注意些什么，很多女性都会说“摄取蔬菜”，实际上睡眠比蔬菜重要得多。通宵工作后，第二天一整天都会非常疲倦，有的人还会头痛。但是如果一整天没有吃蔬菜，也不会有人因此而疲倦或头痛。虽说均衡的营养饮食对人体很重要，但缺乏营养不会像睡眠对皮肤那样立刻就在身体或皮肤上表现出来。所以，我们只要看一下对方的脸就知道他最近是不是睡眠不足，却看不出对方最近有没有吃蔬菜。皮肤的新陈代谢，也就

是再生，大约需要4周时间，而且皮肤细胞只会在睡眠期间再生，在人清醒活动期间不会产生细胞分裂。因此，对于皮肤来说，睡眠就是生命。当回家时间较晚时，极端一点地说，即使不做皮肤护理、没有时间吃饭，也要保证充足的睡眠。

皮肤细胞是在睡眠中再生的

皮肤状况变差很多情况都是由睡眠不足引起的。雀斑、暗黄、痘痘、皮肤干燥等症状，可以通过睡眠使其改善。

这是因为皮肤细胞的再生是在夜间进行的。白天人体活动期间，血液集中在脑部，而晚上睡觉时，大脑处于休息状态，血液会集中到皮肤和内脏，帮助运送氧气和营养。

前面说过，在表皮深层产生的新细胞会逐渐变成污垢脱落，皮肤就是这样完成再生的过程需要大概4周的时间。皮肤再生在年轻时活动非常旺盛，20岁以后开始降低，到40岁时会延长到6周。

十几岁时皮肤再生非常活跃，即使睡眠不足也不会表现在脸上，但是随着年龄的增长，睡眠不足就会清楚

地表现在脸上。从皮肤再生能力开始降低的20岁开始，如果经常睡眠不足，就会使皮肤再生能力更低，就会导致皮肤粗糙，老化进程加快。

每天至少要拥有7小时的睡眠

虽说每个人每天的必需睡眠时间都不相同，但为了保护皮肤，我们最少也要保证每天7个小时的睡眠。这是因为皮肤再生需要这么长的时间。

睡眠分为浅睡眠和深睡眠两种。浅睡眠持续数分钟后就会进入深睡眠，约一个半小时为1个周期，一个晚上会重复几个周期。

最初两个周期的睡眠比较深，生长激素也会在这个周期分泌，皮肤细胞会加速再生。因此，最初3个小时的睡眠是非常重要的，一定要保证这段时间的睡眠。

睡眠的质量也非常重要。随着社会压力的增大，失眠的人数也随之增多，入睡比较困难（要花1个小时以上）、晚上容易醒来……有这些问题的人尤其要注意提高睡眠质量。

睡眠期间，副交感神经比较灵敏，血液会流入皮肤等的末梢血管。而睡眠浅的人交感神经完全不紧张，血液大部分还留在脑中。因此，脑还处于半清醒状态，会因为做梦或稍微一点儿声音就惊醒。这种情况下，皮肤是不会得到营养的。尤其是需要长时间使用电脑工作的人，这样的人虽然大脑很紧张，但身体不累，因此容易失眠，皮肤状况往往也不理想。

1月8日

悠闲地度过了元旦假期，紧接着便是让人期待的春节了。但是在这万里无云，阳光明媚的日子里，南瓜却怎么也高兴不起来。

这主要是因为元旦疯狂的通宵玩耍之后，南瓜每一天都疲惫不堪……或者这就是传说中的节后综合征？

好吧，虽然说这样的情况都是南瓜自找的，但是也要好好调养一下了！

建议多食用的中药食材

人参：人参是滋补与美容的良药。人参根部含有人参皂苷、氨基酸及多种黄酮类成分，具有强大的抗氧化功能，能抵抗皮肤中的脂质发生氧化，促进皮肤的新陈代谢，延缓衰老，防止皱纹的产生。人参的种类较多，一般可分为高丽参、长白山野参、西洋参等。无论哪个种类的人参，都能帮助人体抵抗疲劳，促进身体新陈代谢，并能增强人体的免疫功能。

枸杞子：枸杞子所含的β-胡萝卜素能对抗体内自由基，活化皮肤细胞，防止老化，滋润皮肤。枸杞子还具有明目养眼的功效，经常食用，能使眼睛轻松舒服、明亮有神，并缓解白天工作用眼过度造成的疲劳感。

燕窝：燕窝的主要成分是水溶性蛋白质和甘氨酸等氨基酸，还含有胶原蛋白、矿物质，这些营养素被用在各种美容化妆品中。多吃燕窝，也会使人皮肤光滑、有弹性和光泽，从而减少皱纹。

菊花：菊花对消除眼睛疲劳、治疗视物模糊有很好的作用。不但涂抹在眼睛周围可消除水肿，平常还可以泡菊花茶喝，能缓解眼睛疲劳，如果每天喝3～4杯菊花茶，对恢复视力也有帮助。

最值得推荐的滋补药膳

芝麻桂圆膏

材料：黑芝麻、桑葚各3大匙，桂圆干半杯，玉竹30克，蜂蜜适量。

做法：1. 玉竹放入水中浸泡1小时；桑葚用水冲洗干净。

2. 将黑芝麻、桂圆干、桑葚、玉竹一同放入锅中煎煮3次，等药液混合浓缩成膏时，再加入适量蜂蜜，稍煮即可，每次用开水冲服1～2大匙。

推荐理由：能通过调理气血来改善肤质，使粗糙的皮肤变得细腻、嫩滑，还能改善暗沉的肤色。

糯米桂圆粥

材料：桂圆肉100克，糯米240克，红糖80克。

做法：1. 糯米洗净，加适量清水浸泡2小时，直接以大火煮沸，再转小火慢煮约20分钟，至米粒呈半花糜状。

2. 将桂圆肉剥散，加入粥中煮5分钟，加红糖调匀即成。

推荐理由：桂圆含丰富的葡萄糖、蔗糖及蛋白质等，铁含量也较高，可以在提高热能、补充营养的同时，促进血红蛋白再生达到补血的功效。

莲藕燕麦粥

材料：燕麦半杯，莲藕250克，红枣5枚，甘草、冰糖各适量。

做法：1. 燕麦洗净，用清水浸泡1小时；莲藕洗净，切片；红枣洗净，泡软后去核；甘草洗净，切片备用。

2. 燕麦和甘草一同入锅，加适量水，以大火烧沸，加入莲藕、红枣和冰糖，再转小火煮熟。

推荐理由：此粥能滋养皮肤，防止皮肤提前老化，并改善皮肤粗糙的现象。

1月20日

在赶车的时候遇见堵车真是让人烦躁啊！因为回家的行李多，为了赶火车，特地打了出租车，结果花了1个半小时才爬到西客站……南瓜一路飞奔上了火车已经处于半残状态了……

早知道就坐地铁了。哪怕是拎着行李来回在地铁里倒腾，也比在出租车上堵的闹心强啊！

说到地铁，在上下班的时候，完全可以利用公交、地铁拥挤，没有座位的艰苦环境来锻炼自己的身材呢！

地铁美体小妙招

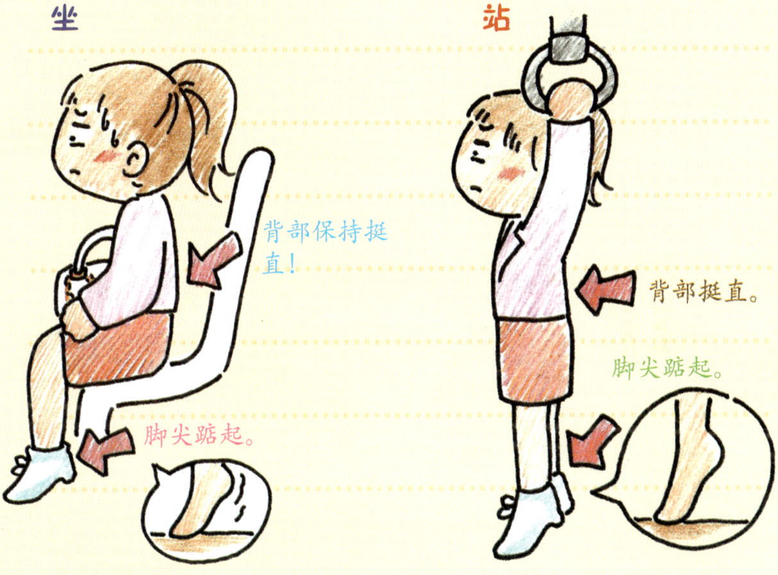

1月23日

回到家天天都过着猪一样懒惰的日子，但是猪也有猪的烦恼。对于南瓜来说，最大的悲哀就是容易上火起痘的体质了。

破碎的镜子有如俺破碎的心灵！

满脸的包包……

虽然说是自己的故乡，但是南瓜真的没有想到，在自己的家居然也会水土不服，出现便秘、满脸痘痘的状况……这让在北京的时候每天都定时便便，把抱着平板去厕所游戏当作人生乐趣的南瓜情何以堪啊。

香蕉、芹菜这样膳食纤维丰富的的食物可以润滑肠道，早上一杯凉开水也可以促进肠胃的蠕动，缓解便秘哦！

9招小动作缓解便秘

动作1

仰卧床上，以臀为依托，靠腹肌力量同时抬起上身和下肢，保持一定角度，坚持10秒，然后再放下，重复5次。

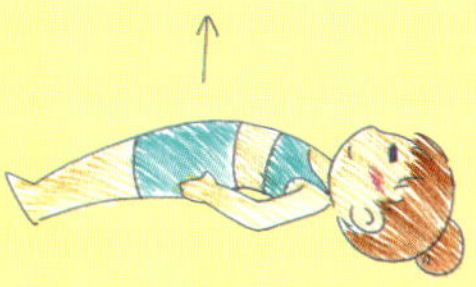

动作2

仰卧，轮流屈伸两腿，感觉正在踏脚踏车一样，根据自身的柔韧度调整屈伸的范围，最好运动到微微出汗。

动作3

仰卧沙发上，双腿抬起，小腿与大腿成90°，双腿打开、合拢，通过腹部来控制身体的平衡和动作协调。注意后背必须紧贴沙发或者垫子。这一动作适合晚饭之后在电视前的沙发上做。每次尽量做30次。有效锻炼肛周肌肉群、刺激腹部。

动作4

双手双膝撑地，成四点支撑，深吸气，收腹弓背，头向下低，感觉像一只猫一样；然后放松，呼气、抬头，收紧下背部，腰部成反弓状，交叉进行。

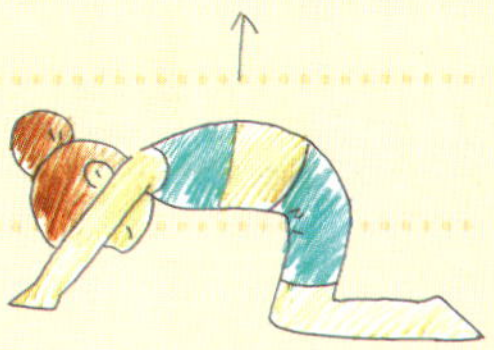

动作 5
双手双膝撑地，保持脖子与背部成一条直线。然后对侧单手、单脚逐渐抬起伸直成一条直线，持续数秒；再换另一对手脚支撑。这个动作看似简单，但其实对于腹部控制力的要求很高。

动作 6
仰卧垫上，两腿自然伸展，以脐下 1 寸处为中心，用手掌做旋转运动按摩穴位；逆时针旋转 30 次，再顺时针旋转 30 次。

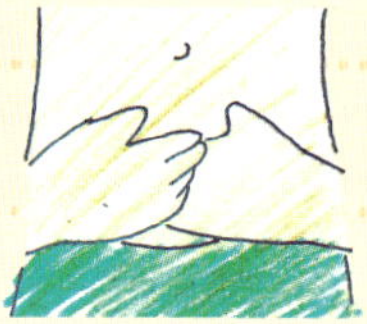

动作 7
和仰卧起坐类似，但是只做到上身与下身成 45° 角即可，并保持 10 秒，这样能够更好地持续给腹部以刺激。

动作 8
坐在垫子上或床上，双腿伸直，微微抬起，左右挪动臀部带动身体向前。从床头到床尾，再回到床头，每天坚持 2 组。

动作 9
平躺在床上，收腹感觉下背部紧压床面，连续做提肛动作。有效增强肛门的肌肉力量，增强排便能力。

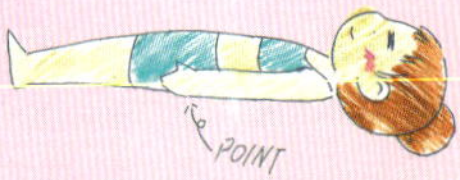

7月7日

不知道为什么，今天特别想吃饺子！

南瓜最喜欢吃的就是韭菜猪肉馅的饺子了，那是一个香啊！口水都流了满地……趁着没人看见，赶紧擦擦。

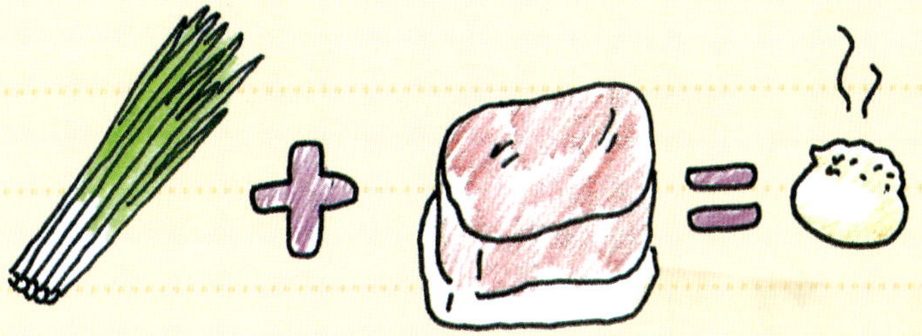

也可能是韭菜的排毒效果比较好，在吃了两顿的韭菜饺子当晚餐后，脸上的痘痘明显减少了，而且因为便秘而凸出的小肚肚也缩小了。

2月5日

今天从老家回到北京了。为了减少自己的负担，什么鸭绒袄呀，鸭绒坎呀，全都套在身上，结果在火车上的时候差点就热死了。

北京的灰尘真是很大呢！虽然家里门窗紧闭，而且拉着厚厚的窗帘，但是阳台、窗台上还是落了一层厚厚的灰尘。

回到家，行李都来不及收拾，就赶忙先打扫卫生。打扫卫生的时候各位美女不知道有没有这样的感觉呢？每次打扫完卫生，都觉得手干巴巴的，而且因为长时间的接触水，手指也变得皱巴巴的。其实趁着这个时间，可以好好的保养一下自己的手。要知道，年龄也会从手上泄露出来的哦！

护手小妙招

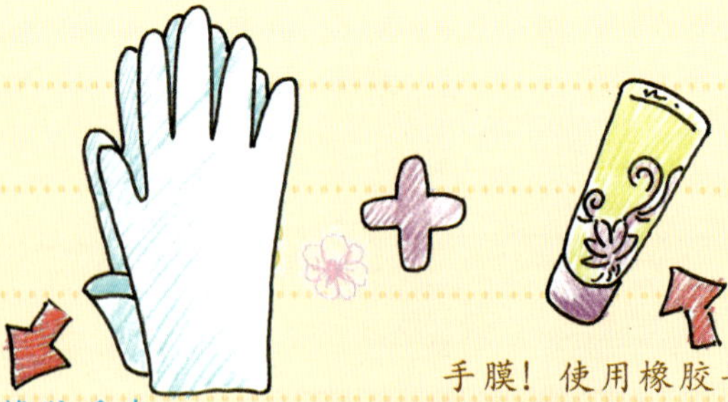

加绒里的橡胶手套，做家务不伤手！

手膜！使用橡胶手套的时候涂抹在手上，可以给手做个护理，超级好用！用完之后手滑滑嫩嫩的哟！

2月7日

好容易从刚回来的忙乱中缓过神来，南瓜突然想起来好像很久没有测过体重了。

因为老家没有备用的电子秤，所以也就忘了这档子事情。但是……但是……不看则已，一看惊人……南瓜差点没有吐血而亡。

体重变化记录表

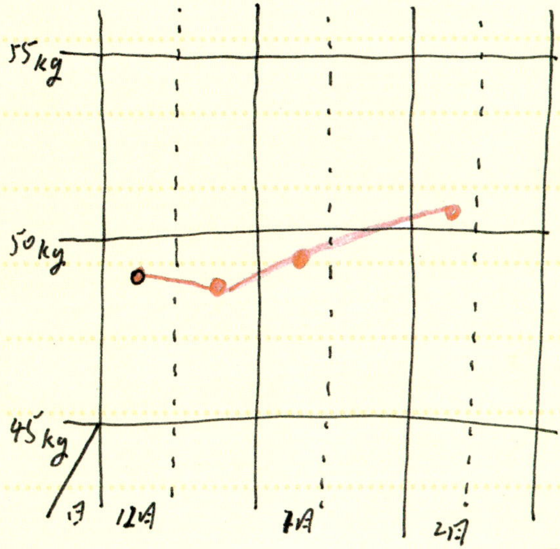

南瓜自制的体重变化表！

从1月底开始狂升……神啊！拍死俺吧！

各位美女也可以把体重记录表复制下来，记录自己的体重变化！

体重 / 日期				

2月10日

等到体重上升之后，再进行减肥可不是一件容易的事情。最郁闷的是经过几天的努力，虽然说体重降到了50公斤以下，但是……在南瓜去做足部按摩的时候，那位帅哥技师居然一本正经的对俺说："美女，你腿上有袜子的勒痕，你的腿太粗了！

让腿部纤细的瘦腿操

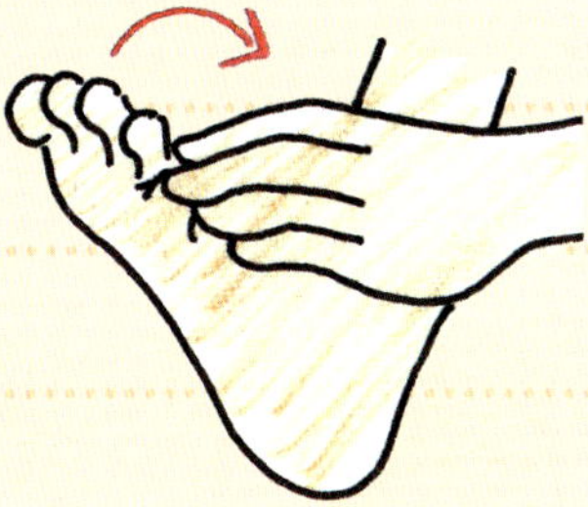

1.将脚趾一根根向脚面按压。

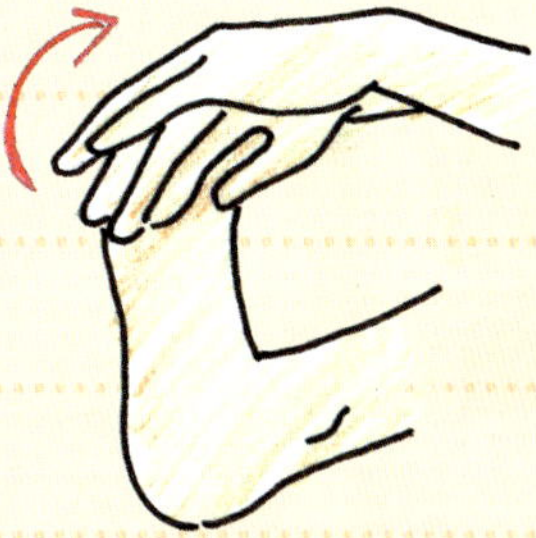

2.将整个脚掌向后压。

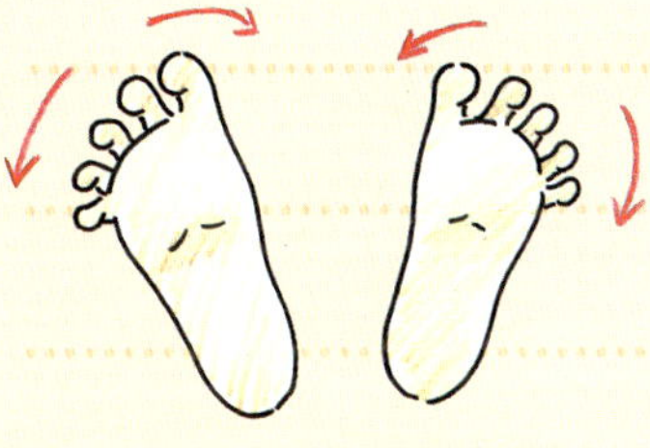

3.将脚趾不靠外界力量，尽量全部伸展开！

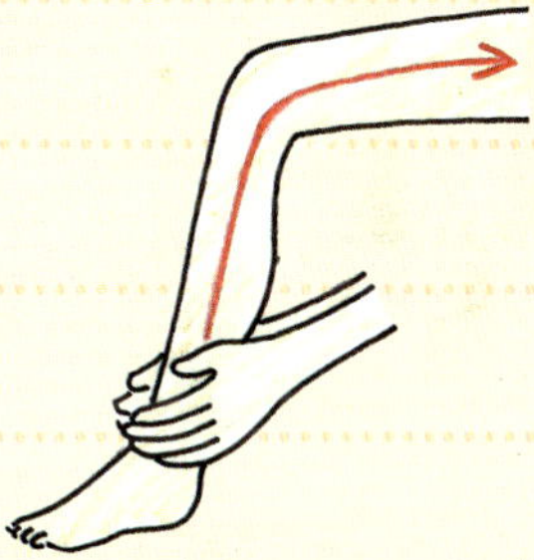

4.双手从脚踝开始，朝着大腿按摩。

2月13日

对于南瓜这样的宅女来说，每天盯着电脑基本上达到12个小时以上。这样的状态，基本上已经可以媲美有网络依赖症的人了。这时候，眼睛感觉又酸又痛，就算是用眼药水也缓解不了眼部的疲劳。呜呜呜～都成死鱼眼了。

消除眼部疲劳运动

2月23日

说起来又到了1月1次的地狱时间了。

尤其是月经第一天，那种疼痛简直是地狱一般的感受。

虽然说吃了止痛片可以远离这种疼痛，但是听说经常吃止痛片对神经不太好。南瓜之前吃了1年的止痛片，结果发现记忆力明显有很大的落差。这也可能是南瓜自身体质的原因吧。

暖宝宝帮忙缓解经期疼痛

这样贴暖宝宝可以温暖身体，促进血液循环，小腹的暖宝宝要贴在肚脐下方！
另外要注意哟！暖宝宝不要直接接触皮肤，以免被烫伤。

2月28日

在今天的某一时刻，南瓜突然认识到了自己马上就32岁了
虽然外表看不出来，内心已经苍老了
女人到了32岁，所受到的压力不仅是外在的，更是内心的煎熬
颤颤巍巍
30岁
20岁
10岁
因为年龄一大把还没有结婚而诅咒情侣的人也大有人在
30岁
魅力值
年龄
女人的魅力值也从32岁开始而直转而下。就算嘴上不说，很多女性也暗下决心，到32岁前一定要结婚

独
也会有人竖起独身主义的大旗！潇潇洒洒地过单身日子
男人算什么
借酒发牢骚的朋友很多……囧
糟了，赶不上了
来回奔跑在相亲场合的也有很多人
我的32岁会怎么样呢
心情沉重，各种推荐暂无

3月1日

最近南瓜发现身边很多姐妹迷恋上了婴幼儿护肤品和自制化妆品。可是婴幼儿护肤品和自制化妆品真的比市面上售卖的适合自己年龄的护肤品要好吗？

自制的化妆品和婴儿的护肤品并不是最好的

很多人认为自己制作的化妆品和婴幼儿的护肤品温和无刺激，没有过多的添加物，所以对于皮肤没有刺激，不会损伤皮肤。

但是实际上，我们的皮肤是通过保持常在菌的平衡来抑制杂菌繁殖的。可是，婴儿的皮肤对细菌没有免疫力，为了保护细嫩的婴儿皮肤，绝大多数婴儿沐浴乳都加入了杀菌剂。如果大人也使用婴儿沐浴乳，它所含的杀菌剂就会对皮肤产生刺激，从而引发慢性刺激性皮炎，皮肤会变得干巴巴的。

而关于自己制作的化妆品，这样的错误认知就更恐怖了。

事实上，即便我们是按照说明书上的方法自己制作出来的手工皂套装，但是因为这些美容产品属于强碱性，所以对我们弱酸性的皮肤刺激很大。

另外，我们购买的很多商场、化工店里面出售，用来自制化妆品的原料使用了一些很低档的成分，所以即便使用的是和专业化妆品制造商一样的成分，由于自制的化妆品精制度比较低，它所含的不纯物质也可能引发皮肤炎症。

我们在接触自制化妆品的时候，因为柠檬具有美白、收缩毛孔的功效，所以很多希望美白或者缩小毛孔的美女对于柠檬比较熟悉。

但是在这里，需要提醒大家的是，不只是柠檬，柑橘类的水果中，含有一种名为光毒性物质的成分（芹菜中也含有大量的光毒性物质）。它涂抹到皮肤上面后会与紫外线发生反应，容易引起色素沉淀，所以白天使用柠檬面膜绝对不可以哦！

另外，我们食用了含光毒性物质的食物后再接触到紫外线，也容易引起光毒性反应，使得色素沉淀哦！所以柠檬汁最好也不要在白天饮用！

3月7日

今天南瓜很不幸的又便秘了。唔唔～～

可能是这两天因为工作繁忙，很少吃蔬菜，基本上都是买饭团解决午饭问题，导致南瓜肚子胀胀的，难受得脸色也蜡黄起来。

缓解便秘的腹部按摩

南瓜喜欢的腹部按摩，对于便秘效果很好。

1. 双手放在肚子上。

2. 顺时针按摩。

其实平时多吃蔬菜水果，多喝水对于防治便秘有很好的效果，美女们一定要注意哦！不要和南瓜一样，等发现的时候就晚了。

3月3日

记得在之前的书里南瓜自己就自夸过，虽然本人眼睛小了点，个子矮了点，毛孔略微大了点，但是本人雪白的皮肤却是自己最骄傲的地方哦！

好吧！南瓜承认，先天的遗传来自俺的爹妈，但是最应该感谢的就是俺的妈妈，在俺小的时候，时刻不厌其烦甚至到了强迫的地步提醒俺注意防晒。不但防晒霜一年四季都要涂抹，在每年夏天的时候，草帽和身上的小披肩妈妈一定要监督我穿戴。

其实在这里，南瓜最主要的目的不是要显摆自己皮肤白，而是在说明防晒的重要性！太阳对于皮肤的伤害，可是要经过很长一段时间才能体现出来呢！这也是为什么有的人虽然现在看起来很注意防晒，但是却还是会有斑点不停涌现的一个原因哦！

懒妹美丽日记

防晒小知识

我们都知道，紫外线中的UV-A和UV-B会造成皮肤伤害，形成晒斑和细纹。这是因为紫外线照射到皮肤上的时候，表皮下面的色素细胞为了抵御紫外线的入侵会产生一种黑色素。如果长时间照射，部分细胞会老化，失去抵御能力，持续产生黑色素，最终会形成晒斑。而且UV-A抵达真皮层后，能引起皮肤弹性和弹性纤维的变化，成为引发细纹产生的原因。

当然，夏天的时候要注意防晒，这是大家都知道的。但是很多人都会忽略掉冬天的防晒美白护理。其实紫外线每天都存在，所以在日常护理中注意选择含有阻挡紫外线和美白成分的化妆品非常重要哦！

除了使用防晒产品，选择帽子和遮阳伞帮助防止晒黑、晒伤也十分有效。虽然说紫外线大部分会被玻璃反射回去，但是由于UV-A具有穿透云层和玻璃的性能，所以阴天或者在屋内的窗边也要注意防晒！

3月4日

昨天聊了一下关于防晒，其实南瓜认为，美女们可能更关心美白的问题。

虽然俺以前很少使用美白产品，但是因为现在身体新陈代谢能力变弱、年龄增大，为了避免肤色不均匀，俺还是每天都在坚持使用具有美白成分的精华液。可以在这里小小的八卦一下，看起来很便宜的黄瓜水用来敷脸其实也有很好的美白效果，这是因为黄瓜里面含有丰富的维生素C哟！

维生素C良好的抗氧化性和美白效果是毋庸置疑的，所以也可以每天适当口服补充维生素C来进行美白哟！进入人体的维生素C很快分布于各组织器官，在正常情况下，人体每天维生素C摄入量为1 000毫克，因为维生素C是水溶性，所以对于人体来说，多余的部分大都随尿排出，少部分随粪便、汗液及呼吸道排出，基本上不会对人体带来不良反应。

另外，在感染情况下，人体所需的维生素C为平时的20～40倍之多，而且所有的药物都会

破坏体内的维生素C。所以，在人体有状况的情况下补充维生素C是非常有益的。建议大家如果需要补充维生素C的时候，每天摄入量不要超过1 000毫克，为了使自己更安心，也可以在吃完饭的时候马上服用，减低维生素C的吸收量。

常见美白成分

维生素C诱导体：在维生素C中添加磷酸使其成为性质稳定的物质。能够渗透进入皮肤内部，具有抑制酪氨酸酶活动的同时将已经变黑的色素细胞还原成无色状态的双重功效。

蛋白酶：具有阻止酪氨酸酶活动的功能。由于渗透性较低，所以经常使用高浓度的产品。

油溶性甘草精华：从甘草中提取出来的植物精华成分，具有阻止酪氨酸酶活动的功能。

覆盆子葡萄糖酮：虽然被划分为保湿成分，但也具有美白的功效。晒黑后尽早使用对于晒斑的预防有很好的效果。

鞣花酸：具有阻止酪氨酸酶活动，进而抑制黑色素。

特丁基对苯二酚：具有抑制黑色素生成的功效，可以渗透进入皮肤，对细胞的伤害较小。

洋甘菊ET：从洋甘菊花当中提取出的物质，也称为洋甘菊精华。在抑制黑色素生成的同时具有保湿的效果。

3月13日

对于习惯使用电脑和手机的现代人来说，辐射可以说是我们每天都要接触的。尤其在经过了日本的核辐射泄露，辐射更是被我们所提起。虽然说大家都知道辐射，但是大家却不一定真的了解辐射。

其实，自然界中的一切物体，只要温度在绝对温度零度以上，都以电磁波的形式时刻不停地向外传送热能，这种传送能量的方式称为辐射。也就是说，其实辐射是无处不在的。我们吃的食物、住的房屋、天空大地、山川草木，乃至人的身体都存在着放射性。辐射无声无色无味，看不见，摸不着，不过不用担心，辐射可以用仪器来探测和量度。

一个健康的人可以抵挡短暂的5000伦负荷，但仅700伦的剂量都足以使一个健康的人受到致命的威胁，但每个人的身体抵抗能力不同，每个人会出现不同程度的症状。一般受到电磁辐射污染会引起头痛、失眠、心律失常等中枢神经和心脏的问题，有些人可能产生如视力下降及皮肤病等现象，严重的话还有可能致癌。而对于孕妇来说，辐射不但可能会导致流产，而且还可能使胎儿致畸或者患有先天性疾病。另外，安装了心脏起搏器的病人，特别是老人尤其要注意。

不过，也不要对于辐射草木皆兵，不同的人或同一人在不同年龄段对电磁辐射的承受能力是不一样的，即使在超标环境下，也不意味着所有人都会患病。但是，对于电磁辐射敏感人群及长期在超剂量电磁辐射环境中工作的人应采取防范措施哦！

电磁辐射的五大影响

1998年世界卫生组织列出电磁辐射对人体的五大影响：

1. 电磁辐射是心血管病、糖尿病、癌突变的主要诱因。

2. 电磁辐射对人体生殖系统、神经系统、免疫系统造成伤害。

3. 电磁辐射是孕妇流产、不育、畸胎等病变的诱发因素。

4. 电磁辐射直接影响儿童的发育、骨骼发育，导致视力下降、视网膜脱落、肝脏造血功能下降。

5. 电磁辐射虽然可使生理功能下降，女性内分泌紊乱，月经失调。但很多媒体把“磁污染”与正常生存的“磁效应”混为一谈，应辨明的是：这些危害人体的问题源自于电磁过量的“污染”，适当应用电磁屏蔽材料的产品不会有这方面问题。

电器的辐射污染

根据国际辐射防护协会和国际劳工组织的规定，电磁场的安全强度是0.2～0.4微特拉(这是24小时接触计算机时的电磁场安全限)，低于此强度对人体没有危害。我国颁布的《电磁辐射防护规定》，规定了电磁辐射污染的设备和对人员影响的标准限值，只有当电磁波达到一定强度的时候，才需要重点保护。

电器辐射指数实行五分制，凡是被评为五分的，都属于严重超标；三星以上也属于超标范围；一星的，是安全的。

CRT 电视★★★☆☆
等离子电视★★☆☆☆
液晶电视★☆☆☆☆
CRT 显示器★★★☆☆
液晶显示器★☆☆☆☆
台式电脑的主机★★★☆☆
低音炮音箱★★★★☆
笔记本电脑★☆☆☆☆
普通鼠标、普通键盘、无线网关、打印机、数码相机和MP4 的电源适配器★☆☆☆☆
无线鼠标和无线键盘★★★☆☆
（使用无线鼠标和键盘的南瓜小汗一把）
空调★☆☆☆☆
小电暖气、暖风机等制热家电★★★★☆
油汀电暖气★☆☆☆☆
电热毯★★★★☆
电扇★★★★☆
加湿器★★★★★
空气净化器★★★☆☆
电磁炉★★★★★
电火锅★★★★★
微波炉★★★★★
电冰箱★☆☆☆☆
抽油烟机★★★☆☆
电饭煲★★☆☆☆
电饼铛★★★☆☆
电热水壶★★☆☆☆
榨汁机、豆浆机★★★☆☆
大吸尘器★★★★★

小吸尘器★★★★☆
电熨斗★★★★☆
电吹风★★★★★
电热足盆★★★☆☆
跑步机★★☆☆☆
脂肪运动机★★★★★

辐射的面部防护

屏幕辐射产生静电，最易吸附灰尘，长时间面对屏幕，更容易导致斑点与皱纹。因此，使用电脑前不妨涂上护肤乳液后加一层淡粉，以略增皮肤抵抗力。另外，对于南瓜和所有依赖电脑的美女们来说，使用电脑后一定要用洗面奶洗脸，这样可以洗掉脸上的灰尘，减轻电脑对于脸部娇嫩皮肤的伤害哦！

辐射的身体内部防护

在身体的内调方面，美女们不妨试试绿茶和菊花这两种弱碱性的茶饮。

绿茶不仅有抗癌的效果，可以清除体内的自由基，还有抗辐射的功效哦！每天喝一些绿茶会对身体非常有益。而菊花茶则对于眼睛大有益处！

当然啦，像南瓜这样的懒人

也可以把绿茶和菊花搭配在一起饮用，如果上火的话还可以加一点点的金银花，败火效果也超级好呢！

虽然很多人都很喜欢把菊花和冰糖搭配在一起饮用，但是考虑到长时间的饮用，最好不要放冰糖，这样可以防止体内糖分积累过度哦！

另外，南瓜看着电视上灾害的视频，深深地感受到了人类的脆弱，希望大家都好好地享受每一天的生活，尤其对于女性来说，因为我们比男性每个月都要多流很多的血，还要担负孕育的职责，在现在压力繁重的社会还要养家糊口，所以更要每天都好好地爱护自己哦！

3月15日

首先，今天值得庆幸的是终于和消失了很久的朋友取得了联系，得知她健康平安南瓜很高兴！

但是让南瓜心里难受的是，在福建的一个妞妞在QQ上和南瓜说，前两天不小心被东西砸在了脸上，在脸上留了一个浅浅的瘢痕。

妞妞很担心，生怕这道瘢痕会在脸上不消除，所以南瓜今天主要的精力就放在了安慰妞妞，还有告诉妞妞怎么样消除瘢痕上了。为什么生活总是有这么多的波折呢？

去瘢痕的小妙招

姜片：把生姜切片后轻轻擦揉瘢痕，可以抑制肉芽组织继续生长。

维生素C：维生素C具有美白功效，把维生素C涂抹在颜色较深的瘢痕上来美白瘢痕，使之与周围健康的皮肤色调一致。

维生素E：维生素E可渗透至皮肤内部而发挥其润肤作用，同时，维生素E还能保持皮肤弹性。把维生素E胶囊用针戳破，取其内的液体涂抹在瘢痕上轻轻揉按5～10分钟，每天2次，持之以恒就会有比较好的效果。

薰衣草精油：薰衣草的美容功效总是很神奇的，薰衣草精油淡化瘢痕的作用也被广泛认同。不过薰衣草精油对于新瘢和 8 年以上的旧瘢痕效果不明显，对于 2 年内伤瘢有一定效果。

需要注意，我们购买的精油有可以直接涂抹的调和精油，还有需要自己调和的纯精油。如果购买的是纯精油，一定要记得用基底油自己调和哦！

1. 基底油和精油按照 100 ∶ 1 的比例来调和。

2. 倒在干净的小瓶子里，上面写上使用期限。因为精油都具有挥发性，所以最好 1 周之内使用完哦！

3月19日

对于油性皮肤的南瓜来说，以前每天醒来的时候油光锃亮的脸简直是一种红果果的自卑。出去玩的时候，为了不让皮肤看起来油油的，包里总是要放很多吸油面纸，虽然一时之间油光被抑制了，但是实际上却让自己的状态越来越糟糕了。

经过咨询，南瓜才知道，原来油光锃亮的油性皮肤也是因为水油不平衡所导致的。尤其是南瓜为了避免皮肤出油，晚上连乳液都不敢擦，更是导致水油不平衡的现象越来越严重了。

后来，南瓜为了改善自己的皮肤状况，每天坚持用泡过的绿茶水洗脸，情况真的得到了很好的改善。

其实美女们可以发现，南瓜真的很爱绿茶。每天泡茶的时候总是首选绿茶，就算是喝花茶，只要能和绿茶搭配，南瓜也绝对会加入绿茶。好吧！虽然南瓜承认这是强迫症的一种，但是绿茶真的对我们的身体和皮肤有很大的益处哦！而且像西湖龙井、信阳毛尖、黄山毛峰、新林玉露……这些都是绿茶哦！

绿茶是不发酵茶，其中茶多酚、咖啡碱保留了鲜叶的85%以上，叶绿素保留50%，维生素损失也较少。而且绿茶中含有维生素C及类黄酮，其中的类黄酮能增强维生素C的抗氧化功效。所以绿茶对于防衰老、防癌、抗癌、杀菌、消炎等均有特殊效果，美白效果也非常好。而且茶多酚的抗衰老效果要比维生素E强18倍呢！茶多酚是水溶性物质，用它洗脸能清除面部的油腻，收敛毛孔，具有消毒、灭菌、抗皮肤老化，减少日光中的紫外线辐射对皮肤的损伤等功效。

另外，关于喝茶可以瘦身的说法也是有科学根据的哦！在唐代的《本草拾遗》中就对茶的功效有“久食令人瘦”的记载。这是因为茶叶有助消化和降低脂肪的重要功效，用当今时尚语言说，就是有助于“减肥”。这是由于茶叶中的咖啡碱能提高胃液的分泌量，可以帮助消化，增强分解脂肪的能力；绿茶中的芳香族化合物还能溶解脂肪，防止脂肪积滞体内，这也是为什么喝绿茶能瘦身的原因。

另外南瓜要提醒的是，虽然绿茶护肤品效果不错，但在选择此类产品时也应有些注意之处。因为绿茶的美容成分主要是茶多酚和维生素C，具有抗氧化效果，与B族维生素、维生素E等配合，能起到补充水分、紧致皮肤等作用，但是这两者很容易被氧化和流失，因此绿茶护肤品最好在开封后尽快用完。

绿茶的功效

绿茶除了之前说的可以减肥消脂、抗辐射、美容护肤之外，还有很多其他的功效呢！

抑制心血管疾病：绿茶有助于抑制心血管疾病。茶多酚对人体脂肪代谢有着重要作用。人体的胆固醇、三酰甘油等含量高，血管内壁脂肪沉积，血管平滑肌细胞增生后形成动脉粥样化斑块等心血管疾病。茶多酚，尤其是茶多酚中的儿茶素及其氧化产物茶黄素等，有助于使这种斑状增生受到抑制，使形成血凝黏度增强的纤维蛋白原降低，凝血变清，从而抑制动脉粥样硬化。

抗癌：茶多酚可以阻断亚硝酸铵等多种致癌物质在体内合成，并具有直接杀伤癌细胞和提高机体免疫能力的功效。据有关资料显示，茶叶中的茶多酚（主要是儿茶素类化合物），对胃癌、肠癌等多种癌症的预防和辅助治疗，均有裨益。

抵抗病毒病原菌：茶多酚有较强的收敛作用，对病原菌、病毒有明显的抑制和杀灭作用，对消炎止泻有明显效果。我国有不少医疗单位应用茶叶制剂治疗急性和慢性痢疾、阿米巴痢疾、流感，治愈率达90%。

醒脑提神：茶叶中的咖啡碱能促使人体中枢神经兴

奋，增强大脑皮质的兴奋过程，起到提神益思、清心的效果。

利尿解乏：茶叶中的咖啡碱可刺激肾脏，促使尿液迅速排出体外，提高肾脏的滤出率，减少有害物质在肾脏中滞留时间。咖啡碱还可排除尿液中的过量乳酸，有助于使人体尽快消除疲劳。

缓解疲劳：绿茶中含强效的抗氧化剂及维生素C，不但可以清除体内的自由基，还能分泌出对抗紧张压力的激素。绿茶中所含的少量咖啡因可以刺激中枢神经、振奋精神，所以晚上睡觉前最好不要饮用绿茶。

护齿明目：茶叶中含氟量较高，每100克干茶中含氟量为10～15毫克，且80%为水溶性成分。如果每人每天饮茶叶10克，则可吸收水溶性氟1～1.5毫克，而且茶叶是碱性饮料，可抑制人体钙质的减少，这对预防龋齿、护齿、坚齿，都是有益的。据有关资料显示，在小学生中进行“饮后茶疗漱口”试验，龋齿率可降低80%。另据有关医疗单位调查，在白内障患者中有饮茶习惯的占28.6%，无饮茶习惯的则占71.4%。这是因为茶叶中的维生素C等成分，能降低眼睛晶状体混浊度，经常饮茶，对减少眼疾、护眼明目均有积极的作用。

降低三高：选用冷泡法泡茶，即用凉开水泡茶可降“三高”。

3月20日

昨天南瓜说了一下关于绿茶的一些知识，以及喝绿茶的好处，但是南瓜突然想起来，忘了提醒美女们，在经期的时候一定不要喝绿茶哦！

经期不要饮绿茶

这是因为，除了人体正常的铁流失外，女性每次月经期还要额外丢失一些铁。如果月经期间饮用绿茶，身体内铁的流失量就会更大。因为绿茶中含有较多的鞣酸，会与食物中的铁分子结合，形成大量沉淀物，妨碍肠道黏膜对铁分子的吸收。绿茶越浓，对铁吸收的阻碍作用就越大，特别是餐后饮茶更为明显。

另外，因为女性月经期由于黄体激素分泌，常常会有粪便秘结的症状，而绿茶中较多的鞣酸也会加重便秘症状，因为鞣酸具有收敛作用，可使肠蠕动减慢，进而导致粪便滞留在肠道。而且在女性月经期间，由于神经内分泌调节功能的改变，常伴有不同程度的精神紧张、头痛、乳房胀痛等反应。然而，茶中的咖啡碱、可可茶碱等物质却具有使人兴奋的作用，会加重痛经、头痛、腰酸等经期反应。

3月24日

北京的春天比起南方要干燥很多，所以补水对于南瓜来说，也就成了每天必须要做的工作。

南瓜有的时候很怀疑，自己是不是加湿器克星，冬天买的加湿器已经坏了，是南瓜接水的时候，不小心摔坏的。于是南瓜只能从生活费中再省出来一个加湿器的钱，苦命啊！

南瓜的加湿器2号，瓜瓜君。

做好补水更美丽

我们知道，所有的生命代谢活动都必须在水里进行，而在人体中，水占据了身体重量的很大一部分。成人体内的水占60%，儿童则占80%，随着年龄的增长，人体内水分的占有量也在逐渐的减少，因而年龄大的人，皮肤状态看起来没有年轻人那样水嫩。所以，为了使自己体内的水分保持充足，每天必须补充3000毫升的水。但这只是一个大概的数字，天热和天冷、进行体力劳动与非体力劳动的时候，由于我们的排汗量不一样，所需要的水分也会有所差别哦！

在前几天南瓜说过，水油不平衡会使油脂分泌越来越异常，但是当时南瓜只顾得上说绿茶美肤好处，忘了和各位美女们解释为什么会出现这样的状况了。在此，南瓜赶紧补上相关的知识介绍。

我们人类皮肤会自然地分泌两种物质：油脂——由皮脂腺分泌；水——由汗腺分泌。汗腺分泌的水和皮脂腺分泌的油在皮肤表面混合，形成一道具有保护功能的弱酸性保护膜，水和油分泌是否平衡，决定了这个保护膜的质量。如果缺乏水分滋润的皮肤一直给予油的供应，结果会造成更多的油和更少的水而形成更不平衡的状况，使过度干涸的表面死皮细胞堆积在皮脂孔和汗孔，而过多的油脂因洞口被堵住无法顺利排出，在死皮下阻塞形成小米粒似的隆起。当一些缺水问题的原因出现时，即使是油性皮肤也会有水分分泌减少的现象，而形成油性缺水。

为了避免自己的皮肤缺水，我们除了要保证每天充足的饮水量，还要注意使用保湿喷雾为皮肤补充水分，尤其是在空调房中。如果条件允许，可以每天敷一片补水面膜，在洗脸的时候最好使用比体温略低的水。

3月26日

南瓜的朋友无论男女，基本上都是属于宅型，不但大门不出二门不迈，而且小肚子也因为不运动的原因而凸得很厉害。每次看着他们，南瓜都担心自己的小肚子会不会也有一天，突然鼓起来呢？

现在，南瓜很多朋友都在使用可以瘦肚子的脐贴和减肥茶，但是这真的可以瘦肚子吗？南瓜的朋友们只有在解决了便秘情况下肚子才变小了。

努力瘦肚子

其实无论男女，瘦肚子的话，最好的办法还是运动。

男性的肚子大主要是内脏型肥胖，而女性则是臀部肥胖。两者在外型上来看，就是番茄和胡萝卜的区别，男性是上半身都圆滚滚的，女性上半身则像是转过来的胡萝卜，都是脂肪堆积导致的。只是男性的脂肪更多堆积在内脏，因此男性的三高比例相对来说要比女性多一

些。

如果要瘦肚子，南瓜最推荐的就是快步走！在上下班的时候就可以进行哦！如果在走路的时候用力甩动自己的胳膊，还可以瘦上臂呢！

另外，做仰卧起坐也是很好的瘦肚子的方法，但是在刚开始做的时候不要急于求成，每天10个开始，慢慢增加到50～60个，这样才不会给身体带来负担。

3月29日

从小到大，南瓜都属于超级难起床的低压派。据说低血压的人很难清醒过来，所以南瓜自然而然地将自己分到了低血压人群中去了。

曾经有一段时间，南瓜很迷信早上洗澡能让自己精神百倍，但是实际上……却造成了副效果。因为寒冷的天气起床都是一个很痛苦的时刻，所以南瓜总是洗完热水澡又钻回被窝取暖，然后又昏昏欲睡……

其实只要用下面3种办法，就可以很轻松地起床了！美女们不妨试一试吧！

轻松起床不拖延

从脖子根部向头顶逆梳头发，清醒大脑。

在被窝的时候揉捏自己的耳朵，刺激耳朵的穴位让自己清醒起来。

起床后喝一杯凉开水，让肠胃和大脑都运转起来。

4月7日

胶原蛋白会随着年龄的增长流失

女性皮肤质地与胶原蛋白在体内的含量有密切关系。我们总是惊叹婴儿的皮肤水水嫩嫩的，但是年龄越大皮肤却越来越不好。这是因为婴儿皮肤中含有丰富的胶原蛋白。而在25岁的时候，皮肤中胶原蛋白开始减少，40岁以后胶原蛋白流失近70%，使真皮层变薄，皮肤就会出现皱纹和凹陷不平、纹理粗糙；真皮层缺损更导致凹陷性疤痕形成。

随着胶原蛋白的作用被人们所认识，补充胶原蛋白也就成为我们拒绝衰老的办法，于是除了可以口服的胶原蛋白食品之外，医疗市场上各种注射填充术也应运而生。这些方法都以促进胶原生成为目的，在宣传中多强调自身具有很高的安全性、持久性。

但是注射类药品中有些产品注射进皮肤后，经过几年的时间会导致皮肤发炎，引起患者面部疼痛，出现肿块及疤痕，比如众所周知的异物肉芽肿，给注射者带来了无尽的痛苦，因此对于大多数的爱美者来说，玻尿酸也就成为注射除皱的首选。

4月10日

今天终于进京了
杂志
化妆水
面膜
无香料唇膏
超幸福的说
车上超挤的说
回家的路上开始下雨，可怜的我没有带伞，只能在暴雨中无助地等车
最郁闷的是半小时后雨停了，车来了

富含维生素C和膳食纤维的炒时蔬

材料：

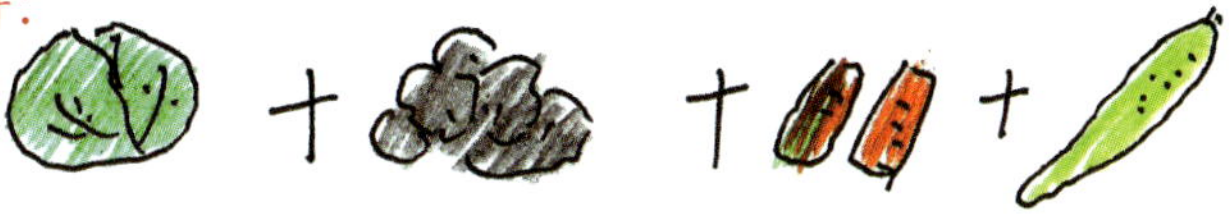

卷心菜1/3颗　木耳1把　蟹肉棒2条块　黄瓜1根

准备：

黄瓜切片，蟹肉棒切块，卷心菜撕小块，木耳泡开去根

制作：

4月14日

经过了几天的忙碌，南瓜终于搬到了新家。撒花～撒花～～

对于毛孔粗大的人来说，最大的烦恼就是鼻子上的黑头。而和鼻子上黑头的斗争，则也是很多美女的必修功课。不过也不用担心，去黑头的办法多种多样，下面南瓜就介绍几种，以备不时之需。

去黑头小妙招

但是南瓜认为这种办法去除黑头的效果并不明显。

使用卸妆油揉搓鼻子，去除黑头。但是南瓜认为效果并不是很明显。

使用市面上销售的鼻贴。这种效果很明显，但是相对来说价格也比较高。

把质地细密的面膜纸浸泡在鸡蛋清里，贴在鼻子上，待干透后撕下。价格便宜的去黑头高招，但是麻烦了点。

去黑头的时候提醒美女们一点，在去完黑头后，最好可以用冰凉的毛巾冷敷一下收缩毛孔。但是要注意哦，虽然用冰块给皮肤降温后，血管会收缩，皮肤在短时间内会显得特别苍白，但是当皮肤恢复到原来的温度，血管就会一下子膨胀起来，皮肤上就随即开始泛红了，这就是所谓的"苹果红脸颊"，如果说得通俗一些，就是"红二团"。所以最好不要使用冰块，而要使用放进冰箱冷藏的湿毛巾。

4月17日

各式各样的小家电，南瓜都在网上订购，大家电则是在门口的电器城买。虽然说现在住的地段很偏远，但是附近就有医院、超市，对于南瓜来说已经很满足了。

今天南瓜的姐姐带了丰富的礼物来给南瓜暖房，谢谢啦！只是好像最近压力很大的原因，感觉姐姐皮肤状态不太好呢！

针对压力大的美容粥

在这里，推荐姐姐经常熬一些红枣豆粥喝。

红枣豆粥

材料：各色杂豆适量，小米1把，红枣2枚，牛奶1杯。

做法：1. 将杂豆、小米和红枣都洗净。

2. 锅内水开后，倒入杂豆、小米和红枣。

3. 将杂豆、小米和红枣煮熟后，加入牛奶即可。

红枣最大的特点是不但维生素含量丰富，而且其中钙和铁的含量也很多，可以美肌生血、面色红润，所以建议各位美女最好多吃一些红枣哦！

4月19日

虽然说早就到了春天，但是现在北方才算是暖和些了。对于特别害怕寒冷的南瓜来说，现在的才算是春天的天气。

季节性敏感皮肤

不过天气感觉舒服了，但是皮肤却不一定会舒服。很多人不知道在季节转变的时候，我们的皮肤很有可能变得敏感。到了初春和初秋时节皮肤会产生刺痛、发红、发痒等症状，这就是所谓的“季节性敏感皮肤”，这也是为什么很多人到季节转变的时候皮肤会很敏感的原因。

季节性敏感皮肤的原因其实并不是个人体质，而是身体自我调节的原因。

由于气候转暖或者变凉，身体开始发挥自身的调温作用，我们体内的血流量就会减少或者增多，人体的新陈代谢减弱，皮肤的天然屏障作用也变得低下，所以皮肤会一下子变得十分干燥。根据自己的皮肤状况来选择每月去角质的次数，是预防敏感性皮肤的最佳措施。

4月20日

这是俺崇拜的星野亚希，难以相信已经四十岁了
姐，你就是那传说
之前出门的时候是带假发
最近发现装嫩的人越来越多了
那么装嫩的秘密是啥呢
眼睛要闪亮
长睫毛
眼线要紧贴睫毛
有美瞳更好
下睫毛也不能忽视
唇要粉嫩
粉色唇彩+透明唇油

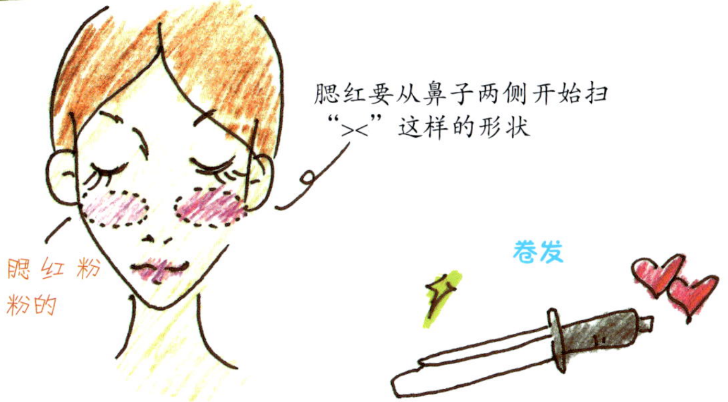

增加蔬菜摄入
什锦煎饼

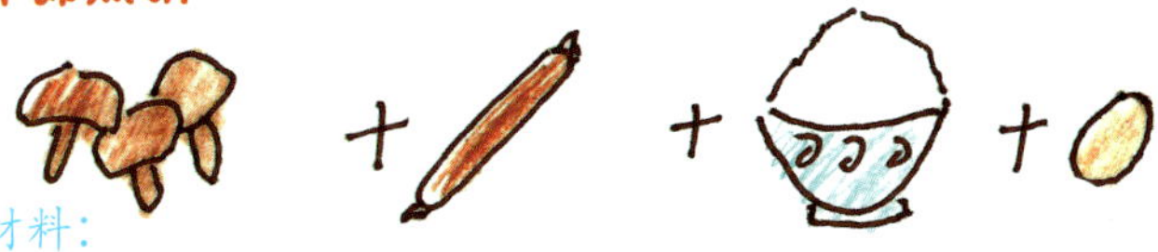

材料：

香菇3朵　火腿肠1根　面粉适量　鸡蛋1枚

加鸡蛋、水、食盐、适量面粉搅拌

准备：

香菇泡开，和火腿肠一起切碎

制作：

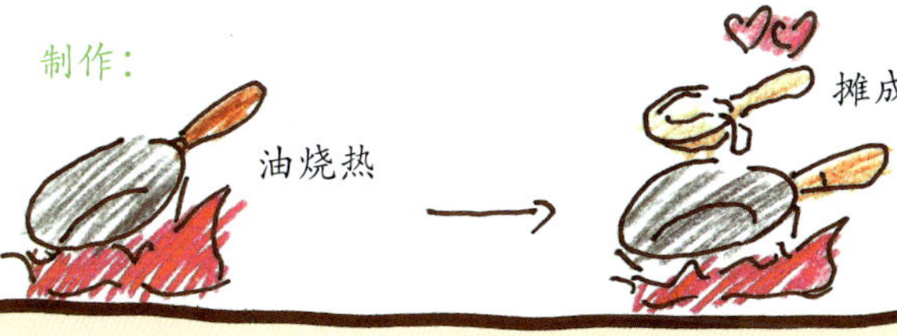

4月23日

今天终于迈入了32岁的大关。为了给自己祝贺一下，约了几个姐儿们晚上一起吃饭。

考虑到每天的形象都大同小异，南瓜决定今天好好地打扮一下自己，让自己看起来有一些比较鲜明的变化。

不过虽然说要好好收拾一下，但是南瓜不打算花钱，也不打算把头发剪掉，于是卷发棒自然立下了汗马功劳！现在南瓜就来说一下如何使用卷发棒吧！杂志上很多模特的卷发也都是卷发棒和吹风机的功劳哦！

发型好帮手——卷发棒

卷发棒根据大小不同，卷出来的卷也会有大小之分。所以喜欢小卷的话要用细卷棒，而大卷的话则要用大卷棒。

不过要注意，虽然卷发棒也可以做出漂亮的卷发，但是一沾水的话造型可就没有了哦！

另外，头发上如果涂抹了发胶、发蜡、摩丝之类的造型产品就不能再用卷发棒了，这样会对头发造成很大的伤害哦！

1. 将头发分层，其余的头发用尖嘴夹夹起。

2. 卷发器夹住最下面头发末端，由下而上卷起头发。

3. 想要外翻或者内卷，可以通过卷发器旋转的方向来调节。停留半分钟，时间越长效果越好。

4. 夹好一层之后，分下另一层，夹法和之前一样。

4月26日

今天在微博上看到朋友的一个笑话。

大概意思是她听说鸡蛋清能护发养发，一直想试试，可迟迟没行动。终于有一天，她决定试一试，然后敲了十几枚鸡蛋洗发。洗的时候倒是没什么，就是最后冲的时候忘记了，直接开了温水冲发，结果这一洗，满头的蛋花呀！

好吧，虽然这笑话很可笑，但是估计这么做的美女还不少。南瓜赶紧推荐几个自己试过的方法，里面绝对没有添加鸡蛋，不用担心头发变成发丝蛋花汤了！

啤酒洗发液

材料：纯水1/2杯（泡好的薄荷或菊花茶也可），洗发水1/4杯，甘油1/4杯，硼砂2茶匙（它在此处是做洗涤用，并不是有毒物质），没有气的啤酒1杯。

做法：1. 将没有气的啤酒用中火煮到只剩1/4的分量。

2. 然后和所有的材料混合，搅拌均匀之后，装入瓶中就可以用了。

3. 正常洗发。

作用：无残留物的自然洗发精，对秀发绝无负担，更不必担心残留化学物质。

番茄牛奶发膜

材料：1个番茄，小半杯鲜牛奶，小麦粉若干。

做法：1. 把番茄洗净去蒂，捣碎或者用搅拌机打碎。

2. 将鲜牛奶慢慢倒入番茄泥中，搅拌到看不见块状番茄为止。

3. 加入适量小麦粉，将番茄牛奶发膜调至喜欢的稠度。

4. 将发膜涂在发上，充分按摩头皮，15分钟后洗净头发。

作用：可以恢复秀发的天然光泽，并在出汗频繁的夏日去除发中的异味。但是也要注意不要用热水啊，面粉遇见热水也会结块的，可以用温水冲洗。

绿豆发膜

材料：纯橄榄油3汤匙，绿豆粉1/2碗。

做法：1. 将橄榄油涂在发上及头皮，用手指轻轻按摩约3分钟。

2. 把绿豆粉抹于头发上。

3. 待2分钟后用温水洗净。

作用：针对头发枯干易打结。

4月27日

生日过完了，我的精神压力也每天都在增加。可能是年龄增加的原因吧，最近感觉肩膀酸痛越来越严重了。很想去做按摩，但总是抽不出时间，只能用小按摩锤自己给自己按摩。

除了用按摩捶，简单的拉伸运用和穴位按摩也可以缓解肩膀的疼痛哦！

缓解肩膀酸痛

站在与墙壁距离1米的地方，双手向前平伸贴于墙面，一脚向前跨出，慢慢的前屈膝盖，拉伸另一条腿的肌肉。注意被拉伸的那侧的膝盖不要弯曲，然后换另一侧的腿拉伸。

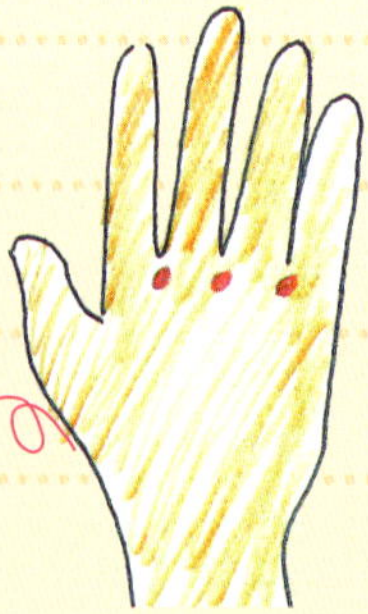

在办公室这样的公共场合如果不适合做上面的拉伸运动，也可以揉捏食指、中指、无名指的指间根部的穴位，可以很好的缓解肩膀的酸痛感。

4月28日

最近认识的一个瑜伽教练迷恋上了假发，总是兴冲冲地问我应该买什么样的假发。虽然说很多地方都有假发卖，但是由于网上的性价比比较高，也省去讨价还价的时间，所以南瓜很多假发是在网上买的。

不过嘛，今天南瓜聊的不是假发的选择，而是发型的搭配。

每个人的脸型都有自己不同的特征，所以并不是所有的发型都适合所有的人。根据自己的脸型来选择假发或者自己头发的发型，才能更好地展示自己的魅力哦！

适合圆脸的发型

适合圆脸的发型应该是将圆脸的部位遮盖住，这样能够显得脸长和小一些。

如果想要让自己的脸看起来不是那么大，最好的方法就是将人的视线从自己的脸上转移，而选择适合自己的发型便是最好的方法。

头发不要在中间分缝，这样会显得呆板，而且由于视线的居中而显得脸庞较大；也千万不要分层剪头发，因为头发贴在脸上，也会使脸庞看上去更大。

适合圆脸的发型搭配：

正确：头发侧分可以产生高度的视觉落差，用吹风机和圆齿梳将头顶吹高，用羽毛剪剪碎脸庞周围的秀发，略盖住脸庞，会使脸庞显小。

正确：刘海侧分，而且稍微长过下巴的长度是最理想的，脸会因此显得长些。

错误发型搭配：

错误：头发紧贴头皮，中间分缝，使脸显得更圆。

错误：头发比较蓬松，但两边的头发剪得太圆，就像两个圆球摞在一起。

适合鹅蛋脸的发型

鹅蛋脸的主要特征便是脸有些偏长，所以如果发型的选择不正确的话，脸会显得更长。

鹅蛋脸最好的发型是不要增加头顶的高度，增加头顶的高度会显得脸更长；不要留平、直、中间分缝的头发，这样会拉长人们的视感；也不要把头发剪得太短或全部往后梳，要梳不留刘海的发型。

适合鹅蛋脸发型搭配：

正确：头发长至耳根，前额剪些刘海，会使脸显短。

正确：头发侧分剪到下颌骨以上，脸会显得稍圆。

错误发型搭配：

错误：长发且中间分缝，使脸显得更长。

错误：太短的头发堆在头顶，会使脸更长。

适合瓜子脸的发型

瓜子脸是不少美女的憧憬，但是有时候，如果发型选择不正确，就会突出尖尖的下巴，而影响美观。

适合瓜子脸发型搭配：

正确：顶部蓬松的头发，使脸变得稍长，往一边梳的刘海，会使前额变窄，头发的长度最好过下颌。

正确：侧分蓬松的头发，使脸型变得柔和。

错误发型搭配：

错误：顶部头发太平，两边头发垂到下颌骨，使下巴显得更尖。

错误：头发太平且中间分缝，更突出尖下巴。

适合方脸的发型

方形的脸庞选发型的主要目的是尽量把下颌骨盖住，不要使边下颌骨明显。头发不要剪太短，也不要选择剪得太平直或中分的发型，这样会使脸显得更方。头发要有高度，使脸变得稍长，并在两侧留刘海，缓和脸的方正感。头发侧分，会增加蓬松感，头发一边多，一边少，造成鹅蛋脸的感觉。

适合方形脸发型搭配：

正确：顶部蓬松的头发，使脸变得稍长，往一边梳的刘海，会使前额变窄，头发最好超过下颌骨。

正确：将头发尽量往一侧梳，造成不平衡感，可以在视觉上缓解下颌骨的突出。

错误发型搭配：

错误：头发太平且中间分缝，还露出了两侧的脸颊，更突出下颌骨。

错误：头发太平且中间分缝，更突出下颌骨。

4月29日

昨天南瓜浅谈了一下选择假发时脸型和发型的搭配。这些搭配不但在选择假发的时候适用，在换发型的时候也同样适用哦！

之前南瓜已经说了，现在大家都喜欢装嫩，南瓜自己也不例外，谁不希望自己看起来年轻一些呢？至少对于南瓜来说，人生最大的乐趣之一就是出门上街的时候别人说南瓜很年轻，就像是刚毕业的学生。

之前说的装嫩的法宝并没有说刘海在装嫩中的重要性，对于很多人来说，有刘海的发型要比没有刘海的发型更加年轻！

适合圆脸的刘海

☆用偏分的刘海突出脸部的纵向线条，露出一小部分额头模糊较低的发迹线。

☆偏分而有层次的刘海能够使脸型看起来修长，最好能与两侧的头发自然衔接，制造出飘逸的下垂感。

☆如果是短发，或是不适合偏分的发型，不妨将发帘修剪得非常短，让宽度略窄，或是剪出倾斜或向上弯曲的弧度。

适合鹅蛋脸的刘海

☆从头顶最高点开始一直到眉毛的大面积凌乱刘海，可以使略显严肃的脸显得俏皮可爱。

☆如果留长发或喜欢洋娃娃一样的刘海，要让刘海部分尽量宽一些，并且长度要能盖住眉毛。要注意噢，一直被称为“万人迷”的斜刘海，因为会暴露过高的发际线，增加纵向的线条，被视为长形脸的禁忌刘海。

适合瓜子脸的刘海

☆短短的柔软刘海静静地服贴在额头上，让给人刻薄印象的尖下颌变得高贵而灵秀。

☆额头比较窄的女生，刘海也尽量剪短些，并做出参差不齐的效果，露出虚掩着的额头。

☆如果实在舍不得剪刘海，可以将两边的头发背到耳后，并且让发尾稍稍翘起，也能够让下颌显得丰满一些。

适合方脸的刘海

☆自然弯曲的发梢是修饰方形轮廓的最好办法。用侧分的刘海使脸部线条加长，遮盖住下颌骨注意发梢的层次与侧面头发的层次要融合得不露痕迹。

☆长而碎的刘海也可以用在方脸上，要注意的是，要使刘海的宽度变窄，两侧的头发最好也能向内收拢，使整个脸型看起来变窄。

5月7日

南瓜虽然平时很节俭，但是也有控制不住自己的时候。尤其是在面对包包、化妆品的时候，南瓜御宅族的本性可以说是马上暴露无遗。

其实有的时候南瓜并不是说买东西一定要买贵的，但是在选择化妆品和护肤品的时候，还是要选择一些品质好的产品。当然，这里南瓜说的品质好的可并不是说贵的哦！

选择好的化妆品

好的化妆品其实不仅仅对于妆容来说很重要，对于我们自身的皮肤也很重要。南瓜记得曾经有朋友害怕每天化妆会伤害自己的皮肤，所以坚决避免化妆，就连去拍写真的次数也屈指可数。其实这位朋友的做法未免有些过于小心翼翼。虽然说现在不能保证市面上所有的化

妆品都不会对我们的皮肤造成伤害，但是只要选择品质优良、没有过多添加剂、在使用期限内的化妆品，同时注意晚上临睡前彻底卸妆，化妆品是不会对我们的皮肤造成伤害的。

1. 好的粉底液能够更好地贴合我们的皮肤，将我们的皮肤打造得更加完美无暇。
2. 好的粉不会浮起，可以更好地起到定妆效果。
3. 你也许有过眼妆晕染的经验，也可能在画眼妆的时候眼影怎么也不上色、掉渣，这也是因为没有选择好品质的化妆品。
4. 防水效果超强的睫毛膏、眼线液等高品质的产品更容易被卸除，不伤害我们的皮肤。
5. 高品质的腮红能够让皮肤显得白里透红，晶莹透亮。
6. 作为经常和我们的嘴唇亲密接触的唇膏，如果选择的是劣质产品，非常容易对我们的嘴唇造成伤害，不但会引起嘴唇干裂，还有可能发炎。

懒妹美丽日记

5月4日

仔细想一想，很多美女买回来的化妆品都是直接往桌子上一放。实际上，和食物一样，所有的化妆品都有自己的保存期限。即便是品质再好的化妆品，如果保存方法不当，或者超过了使用期限，不但妆容不会服帖，还会伤害我们的皮肤。

化妆品的使用期限

睫毛膏和眼线液：开封后3～4个月

唇膏和唇彩：2～3年

粉底液：2年左右

指甲油：1年

化妆品的最佳保存

1. 不要把化妆品放在相对潮湿的卫生间里，而应保存在卧室抽屉或储物柜里。

2. 盖子拧紧可以减缓氧化过程。

3. 避免容器被光线直射或开口很大，导致产品直接暴露在空气中。

4. 对于已经放入冷藏室的化妆品，不宜再长时间放在室温下储存。

5月7日

有的时候我们情绪不好总会说自己激素分泌失调，包括南瓜自己在脸上长痘痘的时候，也总是用这句话来安慰自己。但是究竟激素与我们女性有什么关系呢？其实大多数的人可能都不太明白呢！

事实上，人体会分泌75种以上的激素，它们在人体中扮演着各自的角色。体内激素水平高的女性比激素水平低的同龄女性看起来年轻很多。其实雌性激素和雄激素无关男女，都会存在于我们的体内。

关于雌性激素

雌性激素对女性一生中皮肤的变化起到了十分重要的作用。皮肤虽然远离卵巢，可它是重要的雌性激素靶器官之一。当女孩进入青春期时，卵巢功能日渐成熟，雌性激素分泌旺盛，在毛发皮肤上显示出女性的美，皮肤柔嫩、光滑、有光泽。而进入更年期后，由于卵巢功能开始衰退，雌性激素分泌日渐减少，皮肤变薄，对皮肤弹性起重要作用的弹性纤维和胶原蛋白减少，皮肤弹力消失，丰满的皮肤上上皮组织开始出现皱纹，尤其在额、眼角和口周等处明显；皮下皮脂腺也日渐萎缩，分泌物渐少，表皮干燥，失去滋润度，皮肤内小血管收缩，营养物质供应不足，色素细胞代谢及神经、内分泌、免疫功能都出现衰退，常引起皮肤瘙痒症状。也可以说，女性体内雌性激素与黄体素等激素的平衡，是防止女性皮肤衰老、保持皮肤健康的根本。

更年期体内最主要的变化是性腺功能逐渐衰退，这一变化或轻或重会引起体内一系列平衡失调，使人体的神经系统功能与精神活动状况的稳定性减弱，从而导致人体对环境的适应力下降，对各种精神因素和躯体疾患都比较敏感，以致出现情绪波动，感情多变，并可诱发多种疾病。一般认为，更年期症状的出现与雌性激素分泌减少的速度和程度有关，即雌性激素减少越迅速，更年期症状就越严重。

对于女性来说最重要的三种激素

雌性激素（ES）：由卵巢分泌的催情激素，具有促进第二性征的出现和催情等作用，还可使排卵后的滤胞变为黄体，并能分泌称为第二雌性激素的黄体激素，具有控制妊娠、哺乳的功能。具有促进女性附性器官成熟及第二性征出现，并维持正常性欲及生殖功能的激素。

卵泡刺激素（FSH）：垂体前叶嗜碱性细胞分泌的一种激素，对于女性来说主要作用促进卵泡颗粒层细胞增生分化，促进整个卵巢长大、成熟。

促黄体生成激素（LH）：促性腺激素的一种，是由脑垂体前叶嗜碱性细胞分泌的。对于女性来说，它能引起排卵并生成黄体。还可促进黄体和间质细胞分泌动情素。

5月8日

昨天浅谈了一下关于激素的种种，但是我们也要注意激素和我们闹脾气哦！

雌性激素受多种因素的干扰，从自身角度而言，进入更年期以后，由于雌性激素的浓度急剧降低，让身体产生强烈变化，代表女性生育能力终止；而患肿瘤疾病，如宫颈癌、卵巢癌等都会引起激素失调，影响月经规律；如果患上糖尿病、贫血或厌食症等，也会引起激素失调。当然，这些原因都不是自己刻意造成的，除了要保养身体，注意养生之道外，真的出现了这些状况除了积极应对之外，也是颇为无奈。但若是因为不良生活习惯或者盲目减肥而使得激素分泌失调，则要好好自我反省一下了！

小心对激素的影响

为了减肥，有些女性真是手段无所不用。孰不知市面上不少减肥法鼓吹节食或吃药减肥，虽然一时之间体重下降迅速，但是身体各方面功能却无法适应、跟上减肥的步伐，甚至脏器还会衰弱，从而导致激素失调。

虽说生命在于运动，但是要小心啊！运动过度也会给自己带来麻烦。运动过度会改变身体的脂肪和肌肉组织的比例，影响激素的分泌，因而出现月经不规则，甚至闭经的问题。

滥用精神科药物，吸食毒品，服用抗癌或者避孕药物及酗酒等，都会扰乱激素分泌。嗯……虽然说这样的行为有些夸张，但是考虑到有些美女可能不经意之间盲目服用避孕药物，或者经常饮酒过量，所以这里还是提醒一下吧！

最好的激素状态有7种

1. 整日工作过程中能基本保持充沛的体力和良好的精神状态。

2. 消除经前期症候，如痛经、暴躁、忧郁、月经不调、腹痛、乳房肿胀、腰酸背痛等。

3. 推迟延缓更年期。汗！这个似乎一时半会儿看不出来，仅供未来参考。

4. 消除更年期症状，如潮红、暴躁、忧郁、阴道干涩、关节痛、尿频、性功能低下、记忆力减退、骨质疏松等。这个也要根据自己是否进入更年期来判断。

5. 收紧产后松弛的皮肤，增加皮肤的弹性及淡化色斑。没有生孩子的姐妹们可以无视这一点。

6. 平衡体内的激素、延缓衰老、解除疲劳、促进深睡眠、恢复精力、调整情绪、平和心境。

7. 改善黑眼圈，收紧眼袋、舒缓眼部皱纹。

5月13日

今天我们来谈一谈五脏和食物的关系。

五脏和食物

从中医学的理论上说，人体有肾、肝、脾、心、肺五脏，这些器官不但主宰着我们的健康，而且与我们的美丽和年轻也息息相关，其中与美丽有最密切关系的则是肝、脾、肾。肾脏对身体中出现的一些不良症状，它会首先做出反应；肝脏是对身体起支撑作用的关键。而肝和肾能正常运作，这都要归功于脾。健肾、健肝、健脾是恢复女性元气的秘诀，其中健脾是极为重要的。

中医学认为：人是一个统一的有机体，五脏与五行、五味、五色是相生相克的关系。不同颜色的食物与人体五脏六腑有着阴阳调和的关系，合理地搭配饮食有助于提高激素的分泌。脾健康的话，能够很好地消化吸收对肾肝脾有益的食物，维持身体的平衡，

避免身体出现不良状况。与肾脏相对应的是黑色、带有自然咸味的食物，与脾相对应的是黄色、且有自然甜味的食物，而与肝相对应的是绿色、有酸味的食物。

黄色食物健脾

黄色食物对消化系统很有益处，同时也对记忆力衰退有帮助，而且还可以健脾，增强胃肠功能，恢复精力，补充元气，进而缓解雌性激素分泌衰弱的症状。

代表食物：豆腐、南瓜、夏橘、柠檬、玉米、香蕉和鹌鹑蛋等。

黄豆：帮助肠胃恢复动力，是天然植物性的雌性激素。可以帮助调整雌性激素，也有助于缓解更年期和经期的症状，还可以预防与激素有关的癌症。

南瓜：提高精力，补充元气，提高代谢。

夏橘：具有驱风、芳香、滋补的作用，并能缓和精神紧张症状。

柠檬：消除疲劳，促进血液循环，增加免疫力，延缓皮肤的衰老。

柿子：健脾开胃，润肺生津以及改善心血管功能。

香蕉：强化消化系统功能，清除血液中的毒素，并有抗忧郁及提高免疫力的功效。

黑色食物补肾

黑色食物有助于提高与肾、膀胱和骨骼关系密切的新陈代谢和生殖系统功能，还可以调节人体生理功能，刺激内分泌系统，促进唾液分泌，有促进胃肠消化与增强造血功能，对延缓衰老也有一定功效。

代表食物：黑芝麻、黑木耳、黑豆、香菇、黑米、虾、贝类等。

黑米：具有滋阴补肾、补血益气、增智补脑、增强新陈代谢的作用。

黑枣：有增强体内免疫力的作用。

黑豆：有补肾、强筋骨、暖肠胃、明目活力、利水解毒的作用。

黑芝麻：具有养肾、健脑润肺、养血乌发、防衰老的作用。

黑木耳：清胃涤肠，增强机体的免疫力。

绿色食物补肝

绿色食物含有对肝脏健康的叶绿素和多种维生素，不但能清理肠胃防止便秘，还能保持体内的酸碱平衡，在压力中强化体质。

代表食物：菠菜、绿紫苏、白菜、芹菜、生菜、韭菜、西蓝花等。

菠菜：有养血、止血、滋阴润燥及抗衰老、促进细胞增长的作用。

西蓝花：可增强肝脏解毒能力，并能提高机体的免疫力，减少乳腺癌的发病概率。

韭菜：能温补肝肾，增进胃肠蠕动，有散血解毒的功效。

5月21日

其实关于减肥，南瓜并不想做过多的评论。因为每个人对减肥都有自己的想法。但是接下来讲述的知识，可以让大家在采取这些减肥方式的过程中，避免踏入雷区。

药物减肥

减肥药多为处方药，原本应该出现在医生对症下药的处方上，但是看看我们身边，多数时候决定购买减肥药的原因却是因为朋友们的“口碑相传”，或者被神奇的广告效应所吸引。

更可怕的是由于减肥药背后所蕴藏的巨大利益，使

原本被国家药监机构明令禁止的药物却仍然能够在药店或通过其他渠道买到，那些包装在貌似营养品、美容保健品外衣下的减肥药，根本不会注明其中都含有什么违禁成分，所以随意使用减肥药来减肥实在是无异于自杀的行为。

减肥药中最常见的主要为三类药物，一类是食欲抑制药，一类是加速代谢减少吸收药，另一类是帮助消耗脂肪与热能的药物。

食欲抑制药作用于中枢神经来抑制食欲，对身体产生的不良反应相当大，最好不要擅自服用。加速代谢减少吸收药就是让你吃下去的东西不被身体吸收，或者尽快排泄以减少吸收，降低身体摄入热能的总和来达到瘦身的目的，比起食欲抑制药来风险较小，但长期服用的话仍然隐患不小。帮助消耗脂肪与热能的药物，使你每天摄入的能量相同，但消耗大大增加，自然也能起到瘦身减重的作用，这也是作用于中枢神经的药物，潜在危害性极大。

运动减肥

虽然这样的减肥方法需要很大的耐心和决心来坚持，但是它的效果还是十分明显的哦。

不过需要提醒大家的是，和我们想象中的情况不同，在进行剧烈运动的时候，我们的机体不会消耗脂肪，而是只消耗蛋白质和葡萄糖。

所以说，只有持久的小强度有氧运动才能使人体消耗多余的脂肪。这是由于进行小强度运动时，肌肉主要利用氧化脂肪酸获取能量，使脂肪消耗得更快。运动强度增大，脂肪消耗的比例反而相应减少。因此，轻松平缓、长时间的低强度运动或心率维持在 100 ～ 124 次 / 分的长时间运动才是最有利于减肥的。

饮食减肥

饮食减肥的耗费时间和精力少，效果明显，是最适合懒人们的减肥方法。而且这种减肥方式还会使我们的皮肤和身体状况越来越好，可以说是一箭几雕的好方法。但是要注意，饮食减肥的食谱一定要健康科学，不科学的饮食减肥反而会造成相反的效果！

例如，减肥期间只摄入鸡蛋、苹果和番茄，这个食谱虽然可以让我们在短时间内瘦下来，但却属于极端的减肥方法。虽然苹果中含有丰富的营养素，但是如果单一的进行苹果魔法减肥，会使我们在瘦身成功后，因为恢复正常的饮食而立刻体重反弹，甚至超过原来的体重。

使用橄榄油可以瘦身，于是只用橄榄油做菜。其实，橄榄油的卡路里含量和食用油是一样的，从瘦身的角度上来看，其实并没有优势。

6月1日

今天是“六一”儿童节，对于童心未泯的南瓜来说，今天也是南瓜的节日哦！

在中医学中，对于任何食物都有性相之分。同样是对身体和美容大有好处的水果和蔬菜，若是凉性的话，那么很容易导致内寒聚生，以致经血减少或痛经。

水果的特性

水果的特性十分丰富，热性、凉性、温性都有。在食用水果的时候一定要注意，避免贪食，以免对身体产生不好的影响。

凉性

西瓜、梨、柿子、桑葚、香蕉、柚子、葡萄、猕猴桃、杨桃

热性

大枣、石榴、青果、木瓜、荔枝、山楂、樱桃、白果、榴梿 龙眼

温性

苹果、酸梅、柠檬、无花果、橄榄、椰子、桃、杏、菠萝

蔬菜的特性

虽然说除了几个热性的蔬菜菜种其他的都是凉性的，但是在烹饪的过程中，通过加热和添加热性的蒜、姜、葱，可以让蔬菜的性状变得温暖起来。

凉性	热性
苦瓜、丝瓜、番茄、黄瓜、甜瓜、菜瓜、茄子、生菜、芦笋、芹菜、空心菜	蒜、生姜、韭菜、葱、南瓜、香菜、洋葱、辣椒

6月7日

随着科技的发展，现在美容手术也被越来越多的美女们所接受。但是，美容手术的进行时间也会有一些禁忌哦！为了预防美容术后伤口感染，在月经终止3天后才可以进行美容整形手术。

月经期间不要进行美容整形手术

年仅18岁的阿雪是一个求美心切者，趁着学校放暑假，不顾“经期困扰”，兴致勃勃地到一家私人美容院做了“割双眼皮”的美容手术。没想到手术后出现了疼痛、渗血，以及明显肿胀致使双眼不能睁开等现象。阿雪以为这是美容院“医生”所谓的——“手术后一般都要肿几天”的“正常”现象，便强忍伤痛。直到两天后，手术伤口出现红肿流脓、渗血不止并伴随着高热时，才让家人将她送往医院。没想到的是，医生确诊她已患了败血症，是由于手术后伤口感染导致细菌进入血液而引发。虽经全力抢救，但最后一颗年轻的心脏还是停止了跳动。有专家分析认为，虽然美容手术感染是多方面的，但本病例与“经期美容”有着密切关系。

女性月经期间，由于受多种内分泌激素的影响，身体内各个系统也悄然地起着一系列变化，如情绪波动、血管脆性增加、出凝血时间延长、机体抵抗力降低等等。而且由于内分泌的失衡，机体对病原菌的抵抗能力明显低于正常人，导致严重的感染。另一方面，正常人体内存在着具有凝血作用的纤维蛋白酶原和具有溶血作用的纤维蛋白溶酶原。只有两种物质保持平衡，人体内的血液才能正常循环。如果女性在月经期间的这种平衡被打破，纤维蛋白溶酶原被激活，体内的血液就会处于不易凝固的状态，一旦出现血管破裂，哪怕是小血管破裂，也会导致严重后果。因此，在医学界基本上都会避免在月经期做手术。

6月4日

食物和美丽

我们平时所吃的食物和我们皮肤的美丽也大有关系哦！

口味过重或者辛辣的食物对于我们的肾脏会造成负担，肾脏的健康说明人体生长，发育，生殖系统的活力，如果肾虚了，就会出现一系列衰老的现象。所以，请尽量减少辛辣的调料制作的食物摄入，尤其是盐分一定要避免过多摄入。

说到对皮肤有益的食物，最先上榜的一定是具有抗氧化能力的食物。虽然说维生素C也具有抗氧化能力，但是相比较而言，维生素A的抗氧化能力更强。所以，请多多食用含有丰富维生素A的黄绿色蔬菜，如菠菜、胡萝卜等。

对于独立在外面生活，基本上不太注意饮食搭配的外食族来说，最好每天有意识地吃一些蔬菜和水果，而且避免甜食，尤其是巧克力的摄入，这些食物除了会让我们长痘痘之外，对过敏体质的美女更是不好。如果为自己的脸色泛红，或者身体瘙痒而烦恼的话，则建议尽量避免辛辣刺激的食品。另外，咖啡中的咖啡因也会对我们的皮肤和身体带来各种影响，如果摄入过量，还会增加患妇科病的概率。如果无论如何都要饮用，请务必每天不超过2杯！

6月7日

为了让自己的皮肤获得充足的营养，或者为了快速达到除皱的目的，很多美女可能会在故意或者不经意间过多地涂抹护肤品。但是要知道，并不是给皮肤补给的护肤产品越多，皮肤状况就越好哦！太多的营养反而会加重皮肤的负担呢！

那么，怎么样往脸上涂抹护肤品才合理呢？

遵循年龄的规则使用护肤品

越年轻的美女使用的护肤产品要越简单，除了因青春期开始大量分泌激素而引起皮脂腺激素活跃造成的青春痘问题需要特殊护理外，只需要每日做好皮肤的清洁工作，以控油保湿为主，保持皮肤水油平衡即可，不需要任何深层营养成分的滋养，以免破坏皮肤的自我修复能力。

根据自己皮肤的性质使用护肤品

油性、敏感皮肤应尽量减轻皮肤负担，而干性、非敏感性缺水皮肤则可适当给予保湿、滋润等营养。

注意皮肤吸收护肤品的时间

使用两种护肤产品至少要间隔3～5分钟，好让皮肤更好地将保养品里的成分类化吸收。

6月9日

现在天气可以说是越来越热了，南方可能已经到了酷暑的季节了。

虽然说南瓜游玩的行程中并没有到海边去，但是为了保持自己皮肤的白皙，南瓜决定还是说一下关于晒伤处理的问题。

晒伤后如果处理不当，会对皮肤造成严重的伤害，紫外线对皮肤的伤害绝不仅仅是晒黑和留下晒斑那么简单，还会使皮肤变得敏感、出现皱纹、过早衰老等问题。

日常晒伤的处理

1. 若是因为某些原因而在日常生活中接触了过多的阳光导致晒伤，那么在回家之后等皮肤回降到正常温度后用具有保湿作用刺激性小的洗面产品洗脸。

2. 用冰镇的保湿化妆水将化妆棉全部浸湿，分别把化妆棉贴在额头、脸颊、下巴处，大约5分钟。

3. 如果晒后皮肤出现发红或刺痛，说明皮肤已经接近晒伤的程度，仅使用化妆水让皮肤镇静后自然恢复常态就OK了，不要使用任何化妆品。如果晒伤现象比较严重，出现红肿、疹子等状况时要及时去请医生诊治。

4. 如果晒伤不是特别严重，那么要在使用化妆水之后涂上较滋润而不含刺激性物质的润肤霜。

游海泳晒伤的处理

如果是在海边游泳晒伤的话，皮肤会感到灼热疼痛。这种情况下不管有多痛，都要用清水将皮肤清洗干净，因为海水的盐分会吸收皮肤的水分，会使皮肤变得粗糙，所以想要保有嫩滑的皮肤的话，一定要彻底洗净身上的盐分。清洗时记得等皮肤的温度回降至正常温度，然后用冷水冲洗。

晒后常用护理

让死皮自然脱落：晒伤后如果皮肤表层开始脱落，不要将皮慢慢撕落，而是要让死皮自然脱落。

这是因为皮肤剥落表示新的皮肤已开始生长，如果新皮肤还没有完全成长，便用手将死皮撕落，反而会使未长成的娇嫩皮肤太早暴露在空气和阳光下，新皮肤形成黑斑。

使用芦荟镇定皮肤：芦荟具有帮助受伤的皮肤更快康复和防止脱皮的功能。当皮肤因为晒伤而出现灼热疼痛的时候，涂上芦荟汁液有立即降热、清凉皮肤的功效。对于晒伤的人再合适不过了。

具体的使用方法是清洁皮肤之后，用鲜芦荟汁涂在被晒伤的皮肤上，让汁液自然干透便OK了。如果没有新鲜的芦荟，那么选用芦荟含量在80%以上的芦荟胶也是可以的。

使用维生素E：晒伤后使用含有维生素E的润肤产品，有助于加速皮肤的复原以及预防瘢痕的出现。把维生素E加入润肤产品内，可以提高维生素E的浓度，令晒伤的皮肤更快康复。

薰衣草香薰油：薰衣草精油不仅仅有消除瘢痕的能力，对于愈合晒伤的皮肤也功不可没。薰衣草精油5滴+15毫升基底油，充分混合均匀，早晚各1次涂在受伤的皮肤上，不但可舒缓晒伤的疼痛，加速皮肤的康复，更可以滋润皮肤。

另外把薰衣草及甘菊精油各10滴加入冷水内进行30分钟以上的浸浴，也可以促进晒伤皮肤的愈合。

蔬菜水果减轻晒伤

除了上面介绍的方法之外，还可以采用蔬菜水果来治疗晒伤的皮肤。虽然价钱便宜，但是对皮肤晒伤的康复却是相当有帮助哦！

黄瓜汁：我们都知道黄瓜具有美肤功效，用黄瓜片敷脸可以保持容颜光滑亮丽，殊不知在皮肤晒伤后，用黄瓜汁敷在疼痛的皮肤上约10分钟，可以使疼痛自然消减。黄瓜汁水分丰富，包含的维生素C能增强皮肤的再生能力，既可补充皮肤失去的水分，又可治疗脱皮现象。

西瓜皮：西瓜皮不但可以炒菜，而且用西瓜皮来敷脸会使皮肤水润。晒伤后用鲜榨的西瓜皮汁拌入蜂蜜敷在晒伤的地方，可以减轻晒伤皮肤的肿痛和脱皮现象。蜂蜜内丰富的维生素、葡萄糖及果糖等，可以滋润美白皮肤，还有杀菌消毒功效，使伤痛尽

早愈合，皮肤恢复光滑。

番茄奇异果汁：把新鲜番茄和奇异果榨汁食用，不但可以清凉消暑消除燥热，这两种果蔬里面丰富的维生素C还具有抗氧化成分，能够美白皮肤。

核桃糊：喜欢吃甜品的话，在皮肤晒伤后，可以选择吃核桃糊。核桃糊有丰富的蛋白质、脂肪、钾质、铁质、维生素C和维生素E等营养成分，其中蛋白质和脂肪还能补充人体的磷质，增强身体细胞的活力，使细胞加速生长。

6月17日

这几天忙着准备出国的资料，让南瓜好好画图的心情也没有。呜呜~

因为现在天气越来越热，所以对于汗毛的种种，美女们也要加倍小心哦！

无论采取何种处理方法，脱毛都会对皮肤造成伤害。生理期间或受到强烈日照前后，皮肤处于较为敏感的状态，因此要避免在这些时候进行脱毛处理。处理要在沐浴后准备脱毛的部位彻底清洁后进行。

使用药物等方式进行永久性脱毛

自我处理只能在短时间内消除身体多余的毛发，过一段时间后毛发又会长出来。即便是使用药物来抑制脱毛带来的皮肤问题，也会发现其实对持续脱毛无济于事。

如果在美容皮肤科的门诊采用电针脱毛或激光脱毛的方式进行永久性脱毛处理的话，毛发就不会再长出来了。

但是，由于电针脱毛是采取使用脱毛针破坏毛囊根部的办法一个毛囊一个毛囊地进行，因此需要的时间较长。

激光脱毛是利用黑色素的反应烧掉毛发，因此可以在短时间内进行大范围的脱毛处理。普通的激光脱毛不能彻底去除所有的多余毛发。但是，如果采用目前最先进的二极管激光脱毛的方法，则可以轻松去除所有多余毛发。

不同部位的毛发剃除

面部：使用剃刀和专用的面部电动脱毛器进行操作比较安全。如果剃刀不够锋利的话会造成必要的角质也被清除掉，对皮肤造成伤害。

手臂：可以使用剃刀和专业的电动脱毛器或者脱毛膏进行操作。毛发浓密的人可以选择使用蜂蜡，毛发较稀疏的人可以采用脱色进行处理。

腿部：可以使用剃刀和专业的电动脱毛器或者脱毛膏进行操作。毛发浓密的人可以选择使用蜂蜡，毛发硬的人可以采取拔除，毛发稀疏的人可以采用脱色的方法进行处理。

腋部：一般可以使用剃刀和专业电动脱毛器或脱毛膏进行操作。毛发浓密的人可以选择使用蜂蜡，毛发较硬的人可以采取拔除的方法进行处理。脱毛后不要忘记进行后期护理。由于腋部皮肤不是很平坦，因此在使用剃刀时注意不要划破皮肤。

比基尼线：由于这一部位的皮肤较为娇嫩，因此推荐大家使用专业的电动脱毛器进行操作比较安全。

剃除毛发的方法

进行脱毛处理后的皮肤非常敏感，因此在去海边或泳池前如果需要脱毛的话，一定要提前2～3天进行。

1. 好好清洗脱毛的部位。

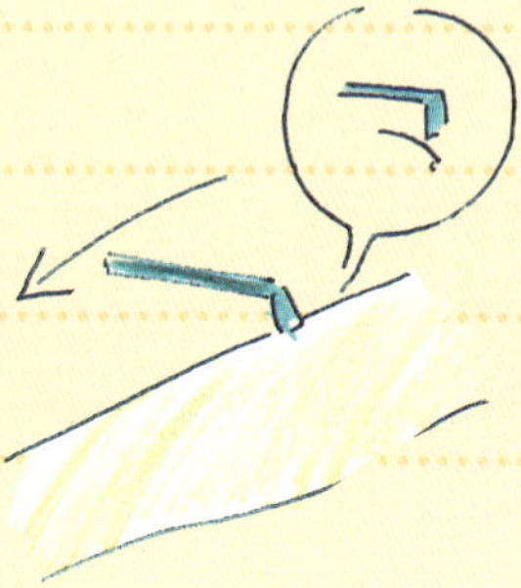

2. 在剃除毛发的时候，要注意沿着毛发的生长方向进行。

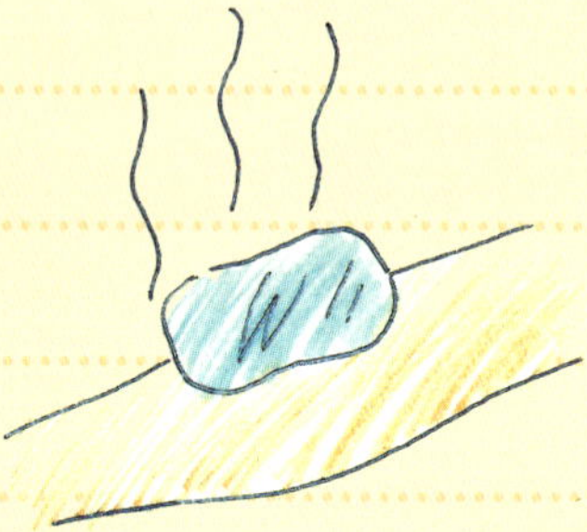

3. 使用冷藏的毛巾或者冷藏好的果冻盒进行冷敷。

4. 在进行脱毛处理后的部位充分涂抹刺激性较小的化妆水进行保湿，镇定皮肤。

6月15日

因为南瓜要去日本，所以很多姐儿们都让南瓜帮忙带化妆品。而且还有姐儿们让南瓜务必要买雪水、神仙水、雅诗兰黛即时修复精华露……之类的高档货。好吧，贫穷的南瓜决定把自己的信用卡带去，希望不会刷爆了。

今天南瓜就先浅谈一下精华素吧！

精华素中主要含有微量元素、胶原蛋白、血清，它的作用有防衰老、抗皱、保湿、美白、祛斑等功效，分水剂、油剂两种。

精华素的种类

植物精华素：从各种野生或人工种植的植物中提取的精华素，最受欢迎的是芦荟，因其刺激性小，对各类肤质都适用。

果酸精华素：用从果酸中提取的保养皮肤物质制成，如甜杏精华素。果酸精华素具有较强的毛孔收敛功效，可使皮肤紧

致光滑，但过敏性肤质不适用。

动物精华素：动物精华素所具有的抗皱、防干燥功效不容否认，如蜂王浆精华、鲨烯精华等，其性质温厚、养分充足，适用于缺水性皮肤。

不同肤质对精华素的选择

一般来说，干性肤质要选择保湿成分较多、锁水性较好的精华素；中性肤质的人可以涂抹一些自身需要的各类精华素或精华液，如美白，除皱等；油性皮肤则要选用能够控制油脂分泌、收缩毛孔的精华液。但是要注意，精华素并不能每天都使用，以免为皮肤造成负担。

6月10日

昨天南瓜只谈了一下了精华素的种类及选择，今天想说一下精华素针对的年龄的问题。很多人总想知道要多大年龄才使用精华素最好。其实，是否该使用精华素来护肤，年龄不是关键哦！

精华素的选择

无论你多大年龄，虽然每天坚持基础保养，但是皮肤还是回不到你要的状态，或者改善的速度与你的期望相差太远，这时候你就应该考虑求助于精华素了。

补水精华素是肤龄超过25岁的人的必备品。因为这个年龄的皮肤已经开始衰老，但是速度比较缓慢，皮肤问题主要由缺乏水分引起，所以补水类型的精华素可以快速增添皮肤水动力。

如果你的年龄超过35岁，皮肤已经开始呈现不同程度的皱纹，延衰抗皱的精华素在你的日常生活中就应该准备了。因为精华素的分子小，营养成分高，可以为皮肤增添修复胶原蛋白的足够养分，使皮肤呈现年轻状态。

尽管我们不可能在用后马上看到皱纹消失、色斑减淡，却可以立即让皮肤感到舒缓、放松。一般来说，各种舒缓类成分特别是天然植物提取的如甘草、洋甘菊、金盏草精华等，必须达到一定的浓度才能见效，含有这些成分的舒缓类精华素不仅能迅速安抚灼热、发红、紧绷的皮肤，还能有效预防各种因刺激而引起的发炎、敏感等不良反应。这是一般面霜、面膜所无法企及的。

但是在使用精华素的时候，也要注意避免一些雷区错误哦！

懒妹美丽日记

1. 精华素应该在清洁完皮肤，均匀涂抹爽肤水后使用。爽肤水能够帮助皮肤形成皮脂膜，从而有效地吸收水分，去除老旧角质，辅助皮肤吸收精华素的营养，令精华素的养分更充分、直接地进入皮肤深层，令皮肤的柔软性、弹性更好。

2. 我们在使用精华素的同时，却常常忽略了皮肤表面存在着的单细胞微生物——细菌。细菌在其生长繁殖的过程中需要大量的维生素、蛋白质和生物细胞类营养物质。而这些物质也正是一般精华素的主要成分。因此精华素到底是营养皮肤，还是营养细菌？这就要看这些营养物质能否被皮肤完全吸收了。所以，对于油性皮肤、痘痘皮肤等感染性皮肤来说，使用精华素最好持谨慎态度。夏天每次 2～3 滴，冬天每次 3～5 滴；T 字区一天只需擦 1 次，眼睛和唇部周围擦 2 次。一小瓶精华素（24 毫升）一般可使用半年。

3. 精华素的功效各不相同，想要一瓶精华素就解决所有问题明显不现实。使用多种精华素，最好分区使用，既满足皮肤的需要，又不会太浪费。比如，抗松弛精华用在 U 区，保湿精华素用在两颊，控油精华素用在 T 区，再配合一款只针对斑点的局部美白精华素。

4. 随着年龄的增长，皮肤的代谢能力也会有所降低。如果选用含高油分的精华素作为面霜天天使用，皮肤会因养分过高，无法正常代谢而呼吸困难，甚至长出小的油脂粒，所以间歇使用为佳。一般 1 周 2～3 次。

5. 需要注意，有一些适合每天使用的精华素，一定是配合着专门的洗面奶、乳液、晚霜同系列使用，而不能单独代替面霜使用。

6月18日

现在有没有敢不戴美瞳，不戴假睫毛出门的美女？

前两天微博上有人这么问南瓜。南瓜想了想，应该还是有很多的吧。对于不戴美瞳不出门的南瓜来说，首先已经把自己给排除在外了。

假睫毛让眼睛更迷人

好吧，今天就来聊一下假睫毛。因为现在假睫毛做的仿真程度比较高，而且样式多样，可以达到不同妆面的效果，所以现在也有一些人非常喜欢使用假睫毛。但是，假睫毛的缺点便是无论怎么样装饰，在现实生活中都会看出来。

电视上我们会感觉演员的睫毛非常自然，不像是粘了假睫毛的。而且有的时候我们看平面广告的时候也是，根本看不出来假睫毛的痕迹。那么现在化妆技术这么高，怎么电视上和平面广告可以办到的事情，在现实生活中就不行了呢？

其实是因为在拍电视的时候可以通过粗眼线进行遮掩，而平面广告很多睫毛都是后期PS的。所以考虑现实生活中的美观性，我们可以选用拍摄平面广告的时候常用的手法，即选用单根睫毛来进行粘贴，再用稍粗的眼线进行遮掩，这样的效果会比整根粘贴睫毛要自然很多。

同样，假睫毛也有很多颜色可以选择，而且有的假睫毛上面还有漂亮的水钻，在去夜店或者参加狂欢Party的时候也可以选择具有夸张效果的假睫毛。

虽然没有固定的说法说价格贵的假睫毛一定就比便宜的好很多，但是假睫毛根部是棉线的话，会比线是塑料的要好粘贴很多，所以如果是刚开始粘贴假睫毛的话，可以选择棉线的假睫毛。

6月19日

昨天浅谈了一下假睫毛的种种，今天来说一下假睫毛的粘贴。很多美女觉得假睫毛粘贴出来很假，但是事实上，假睫毛无论是单根睫毛还是整根睫毛，重点在于细心、手稳！

如果手会因为第一次粘贴假睫毛而颤抖的话，那么就和南瓜一样，选择白色的粘合剂吧！虽然睫毛的根部会有些泛白，但是只要用眼线来进行遮盖便OK！

假睫毛的粘贴

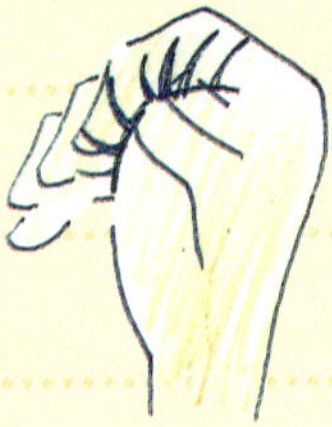

1. 将假睫毛取出。

2. 在眼睛部位比一下，并且进行适当的修剪。

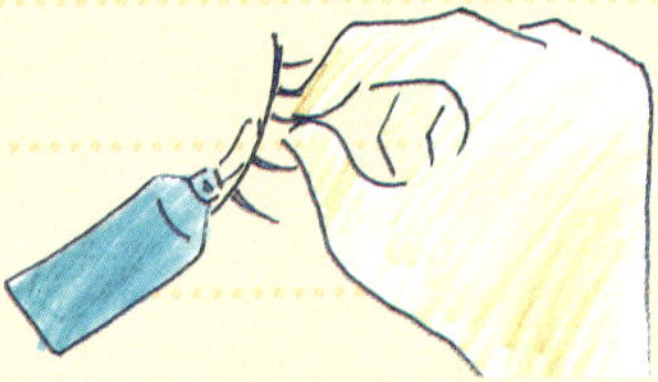

3. 在假睫毛的根部涂抹粘合剂，等待5秒左右，粘贴在睫毛根部。

4. 调整好假睫毛后，涂抹上睫毛膏，使假睫毛完美融合！

6月20日

小眼睛不用动手术变成大眼睛?

答案当然是可以!双眼皮胶带和双眼皮粘合剂都可以很轻松快速的让眼睛变大哦!

双眼皮胶带

双眼皮胶带的优点是市面上有出售的成型产品，直接进行粘贴就可以啦!但是缺点就是不够自然，在生活中很容易被看出来呢!

1. 将双眼皮胶带剪成合适的形状。

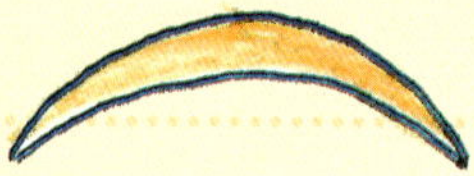

2. 剪贴出来的形状应该是月牙状哦!

3. 根据眼型进行粘贴，直至粘贴到自己满意的形状就可以啦!

4. 只要胶带剪贴得小，就不容易看出来哟!

双眼皮粘合剂

用粘合剂来打造双眼皮，最大的优点在于生活中不容易穿帮，但缺点是没有粘贴好便很容易变成刀瘢眼，而且因为粘合剂的粘性，一旦失败，那么眼部的底妆可就要重新来咯！

1. 先用牙签挑出自己想要的双眼皮的形状，将粘合剂涂抹在自己认为合适的地方。

2. 然后用牙签按压涂抹粘合剂的地方，将双眼皮的褶皱处找出来。

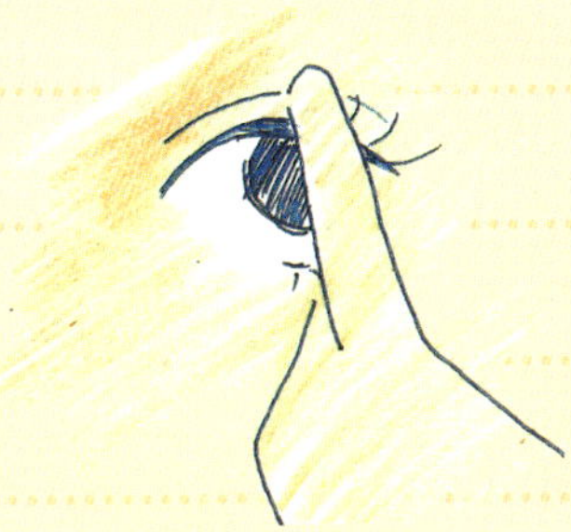

3. 用手按住褶皱线，大约2分钟。

4. 完成的双眼皮超级自然，但是其中的艰辛大家尝试一下就知道哦！

懒妹美丽日记

6月20日

以前东方人的眼珠只有黑色和棕色，但是自从美瞳出现后，东方人也可以拥有一双美丽的蓝色眼睛，因此很受美女们的欢迎啊！很多明星也都有佩戴哦！

美瞳有棕色、灰色、绿色、蓝色、红色等各种丰富多彩的颜色可以选择（美瞳制造商不同，取的名字会有差异），在选择眼影的时候，可以根据美瞳的颜色来选择同色系的颜色，以取得更好的妆容效果。当然，红色、白色或者一些其他图案的美瞳会显得有些时尚和另类，可以在特殊的场合佩戴。

根据不同的心情来更换美瞳也是一种时尚呢！重点向大家推荐的是只黑色或者棕色的美瞳。

这种美瞳可以使眼珠看起来更加明亮、有神采，而且眼睛看上去也会大一倍呢！因为戴上去后也极不容易被人觉察，所以超级受欢迎呢！美女们请一定根据自己的情况尝试一下哦！

关于美瞳的佩戴小常识

美瞳无论是哪一种，在佩戴前最好到眼科进行检查。有些人因为体质或者眼部疾病的原因不能佩戴美瞳，如果勉强佩戴只会对自己造成伤害。

虽然美瞳有长期佩戴型、半年抛型、月抛型、日抛型，但是只要自己感觉到了不适，就要立刻停止使用，而且佩戴使用的时间不要超过厂商标注的佩戴日期。即便是长期佩戴型，也最好不要超过1年的佩戴时间。

对了，购买的时候一定要购买正规厂商出产的。很多所谓的国外产的美瞳的包装上甚至都没有产地和保质期，成本只有二十几块钱，但是却打着国外的名号牟取暴利啊！

1. 眼睛是脆弱的器官，在佩戴美瞳的时候一定要注意清洁卫生，以免造成眼部的感染。

2. 佩戴前和摘取的时候不但要清洁自己的双手，同样还要清洁镜片。用左手扒开眼睑。

3. 右手将美瞳戴入，闭上眼轻轻转动眼珠。

4. 佩戴美瞳的时间不要过长，以免引发眼部的不适。眼睛发干的情况下可以使用美瞳专用的润眼液来缓解眼部的不适哦！

6月21日

明天南瓜就要出发去日本了，所以会有7天的时间不能更新了，呜呜呜～～

今天南瓜就来聊一下腮红的涂抹吧！

不同的脸型腮红的涂抹位置也各不相同哦！虽然感觉是很可爱的腮红形状，但是到自己的脸上总觉得很奇怪，这主要是涂抹的位置错啦！

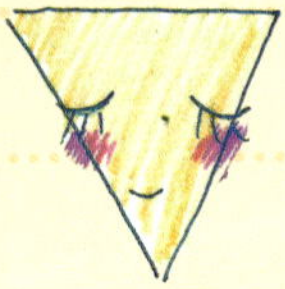

三角形脸腮红的涂抹

斜着从颧骨向脸颊两边扫出椭圆状的腮红。

方形脸腮红的涂抹

从颧骨处开始，朝着鼻子的方向扫出圆形的腮红，可以减弱方形的棱角感！

椭圆形脸腮红的涂抹

完美脸型的你在颧骨处扫出圆形腮红最可爱啦！

圆形脸腮红的涂抹

从颧骨处开始，斜着向下的方式朝着脸中央扫出椭圆的腮红，可以使脸部消瘦哦！

长形脸腮红的涂抹

横着从鼻部中央的位置朝着脸颊两侧扫出椭圆的腮红，可以缩小脸部的视觉长度。

菱形脸腮红的涂抹

从颧骨下方斜向上，朝脸颊两边扫出椭圆的腮红。

6月29日

经过几天的风吹雨淋日晒，南瓜终于从东日本爬到了西日本，而且又从西日本顺利地返回了祖国。撒花～撒花～

南瓜回家后看着自己境界分明的脚上的黑白分界线，不禁感叹，无论什么防晒霜，都比不上防晒伞和衣服遮阳啊。

不过对于买回的一堆化妆品南瓜还是很满意滴！日本的药妆店还是很值得去溜达一圈的！这里给大家推荐几个很好用的产品，如果有兴趣的话可以尝试一下！

有很好的洁面功能，并且很保湿的洁面粉。

传说中超级好用的雪水，但是南瓜买的是白的。保湿和美白，效果确实不错。

不容易涂抹出“苍蝇腿”的睫毛膏。

提升肤色细腻毛孔的粉。

遮盖毛孔效果不错的底妆。

7月3日

北京相对南方来说是个很干燥的城市，但是因为总是用加湿器保持屋内的湿润度的关系，南瓜的皮肤状态也就显得比较好！

注意蔬菜摄入量

虽然说南瓜一直就很喜欢吃蔬菜，但是最近南瓜却爱上了清淡口味的炒蔬菜或者是凉拌蔬菜。

蔬菜对于我们人体的益处已经不用多说了，但是对于我们正常的生理和生长发育，以及美丽的需要，单纯的摄入蔬菜是不能够维持一天的膳食均衡的。

作为标准，我们一天中浅色蔬菜摄取量为200克，黄绿色的蔬菜为100克。然后再加上豆类、海藻、蘑菇、木耳等其他种类的蔬菜。

不过要注意，虽然说蔬菜中的膳食纤维可以防止便秘，促进肠胃蠕动，但是如果摄入过量不但会导致腹胀、充气等，还会影响肠蠕动，增加胃的磨损，反而对身体造成伤害。

7月4日

烤烤
最近天气实在太热了
所以在晚上的时候也会热得睡不着
虚脱
无力
在路上行走的时候，已经不亚于满清十大酷刑的程度了
水果也是消暑的美食之一
40℃
做饭的时候厨房温度在40℃左右！有的时候甚至更高
变频冷暖 1.5P
只能花了2599元买了空调
现在盼望安装师傅明天早点过来

团子头
优点：再少的头发也都能做出这样的团子头——比如俺
首先准备好大头一颗（要带头发的）
将头发全部扎起来
用梳子逆梳头发
成了这样壮观的造型！当然，你想这样直接出门也可以
把头发分成两股，拧转起来
接着拧转就成团子样子，用卡子或者皮筋固定它

7月6日

不要误会粗粮

在我们的饮食生活中，其实粗粮和蔬菜一样，都对我们的皮肤大有好处。很多美女认为粗粮不好吃，或者认为粗粮会让我们长胖，其实都是不可取的。

粗粮不但不会给人造成没有档次的感觉，而且还含有丰富的维生素和矿物质，以及膳食纤维。糙米、燕麦、玉米……粗细搭配得当不但不会给自己造成营养不良，而且对于皮肤也大有好处。

有些人虽然饮食正常，但是却经常长痘痘，这很有可能是因为饮食过量造成食物“毒素”在体内积累——如甜食、脂肪会导致粉刺，针对这样的状况，不妨食用一些粗粮来进行改善。

当然，粗粮会对胃造成磨损，所以每周吃2～3次就可以了，没有必要天天吃，否则会增加胃部的负担。如果感觉做粗粮比较麻烦，也可以将糙米、燕麦、玉米碴和大米一起蒸成米饭，既简单方便，又不会对胃部造成磨损，而且还能摄入均衡的营养物质。

另外，很多食物都标榜对皮肤有好处，开始推出的时候大受欢迎，但是很快又被人抛到脑后，最主要的原因就是大家认为效果不明显。

其实食物本身不是药物，无论对皮

肤多好，都不可能在一朝一夕之间对皮肤进行改变。而且食物本身也有好的一面和不好的一面，如果过多摄入，反而会对身体造成损害，如胡萝卜素、钙、铁。如果每天只吃这样一种“对皮肤好的食物”还容易造成营养失衡，反而对皮肤造成损伤。

7月7日

因为现在食品安全总是出现很多问题，包括什么瘦肉精、地沟油、毒牛奶……导致现在很多人不敢吃蔬菜外的食物。其实这样草木皆兵不但有损自己的身体功能，而且对于美肌毫无益处。

肉类要均衡食用

虽然肉类中含有脂肪，但是除了脂肪，还含有蛋白质和矿物质，以及脂溶性维生素。比起肉类，很多人爱吃的面包等面类食品中，却含有比较多的油脂。而且牛肉、鸡肉、猪肉的脂肪都是成块的，将肥肉剔除掉便会变成低脂肪的食品，所以不用担心肉类脂肪过剩。

肉类的摄取是蛋白质之源，一天要摄取100克的鱼或者肉。因为其中营养物质大部分可以储存，如果不能每天都食用，也可以3～4天食用400克的鱼或者肉。

7月8日

因为现在天气越来越热了，所以每一天都会感觉身上黏糊糊的，很不舒服。很多姐儿们问南瓜是不是在夏天就可以经常性地进行去除角质的美丽行动，但是南瓜真的很难回答呢。

去角质不要太频繁

我们的皮肤以28天为一个周期进行新陈代谢，分裂出新的细胞来取代旧的细胞。由于新陈代谢的正常进行，紫外线等有害物质被阻挡在皮肤之外，同时水分得以保持，使皮肤始终处于健康的状态。28天包含了女性生理周期、细胞代谢的时间、新习惯养成的周期等。

角质层是由6～8层角质细胞相互交叉、重叠构成的。这一层的细胞，基本上已经是代谢的即将死亡脱落的细胞。这些细胞内已无细胞核、线粒体、内质网及高尔基复合体，已不具备细胞完整的形态及功能，因此将其称为“死皮”也是很确切的。但是，我们千万不要小看这层“死皮”，应该说它是人体的第一道天然屏障。

1. 它对光具有吸收能力。通常在日晒时，大部分紫外线被角质层吸收了，从而保护了皮肤基底层的细胞不受损伤，如人为地、过频地“去死皮”，那么紫外线将长驱直入，对皮肤造成极大伤害。

2. 角质层对微生物有着良好的屏障作用，一般直径在200纳米的细菌，以及直径约为细菌二分之一的病毒，在正常情况下是无法进入皮肤内的，角质层有效地防止了皮肤疾病的发生。

3. 角质层中的角质细胞的胞浆、胞膜及其细胞内隙物对化学物质有屏障作用。正常的皮肤表面呈弱酸性，有一定的中和酸、碱的能力，始终使皮肤维持在良好健康的状态。

4. 角质层能防止体内营养物质和水分的流失。一般成年人每天从皮肤表面失去水分240～480毫升，如将角质层去掉，那么每天丢失的水分将增加10倍以上，所以“去死皮”后，皮肤会感到十分干燥就是这个道理。

所以去角质的次数还是不要过于频繁为好。

7月9日

去角质能让皮肤瞬间焕然一新，能帮助保养成分更好地吸收，但很多时候，去角质也令皮肤变得很糟糕呢！

柔软的皮肤去角质

年轻的皮肤：表皮细胞由表皮的最深处（基底层）

产生，一层层地往外推，到了表皮的最外层（角质层）便“生命结束”，变成皮屑自然脱落。这个过程，就是在上面所说的28天周期，只是随着年龄的增长，这个周期会自然延长。

如果过多“老死细胞”“死而不退”，无法让尚存一息“生命鲜嫩感”的“新死细胞”透出来，皮肤就会显得暗沉、粗糙、缺乏生气。但是健康的年轻皮肤，角质细胞生生死死代谢正常，就完全没有必要专门去角质。

勤于保养的皮肤：即使你已不算很年轻，但是勤于保养每天都分卸妆、洁面两步温和地彻底清洁皮肤（最表层的老化角质会被自然带走）；使用的保养品能“提升细胞活力”“促进新陈代谢”；又每周用保湿/美白/营养面膜进行深层护理，令皮肤柔软、滋润、有光泽，同样没有必要再专门去角质。

脆弱的皮肤去角质

痘痘皮肤：很多人以为发痘痘、粉刺就是因为油脂分泌过多，堵塞毛孔，所以特意用清洁面膜来加强去角质。其实不然。

痘痘、粉刺的发生，很大程度上是由于激素的代谢发生变化所致，饮食、生活习惯、环境等都可能造成这种影响，这反映在皮肤上只是非常局部的。

痘痘皮肤的角化过度，仅限于毛囊皮脂腺导管的细胞角化过度，其他皮肤的角质代谢依然正常，所以并不需要特别去角质，只需用专门的祛痘产品疏通毛孔中的角质堆积，抗菌消炎即可。

红血丝皮肤：不管是偏干或偏油的红血丝皮肤，都是表皮层很薄、水脂膜屏障功能受损的皮肤，所以特别容易受外界侵害而引发刺激、过敏。这样的皮肤，即使在皮肤测试中测出有老废角质，也不要去角质。

因为屏障功能受损的皮肤，就犹如一件有破洞的衣服，可就算是破衣服也多少能抵御外界侵害。

黑头皮肤：黑头是毛孔口的油脂粘上污垢、死皮、化妆品残留等形成的。黑头污垢阻塞了毛孔，使油脂无法顺畅排放，只能“拓宽道路”，引发毛孔粗大；而粗大的毛孔又更容易堆积黑头……黑头形成的时间越久，就会越黏、越顽固，这时使用一些去角质产品是必要的。但更重要的，是做好每天的卸妆。

已经去角质的皮肤护理

爽肤水去角质：去角质的化妆水已经令你的皮肤柔软、透澈，就不再需要专门去角质了。

美白去角质：不仅美白洁面乳、美白化妆水常常含去角质功效，如果早晚全套使用美白产品，一般也没必要再专门去角质。

清洁面膜去角质：清洁面膜是为多油、厚重的皮肤设计的，通常有控油效果。如果你的皮肤不太油也不太厚，那么最好不要选择这样的去角质的方法。

7月10日

南瓜的日记稀稀落落的基本上也快接近尾声了。自己翻看了一下，虽然记录的内容并不是很多，而且还有很多的东西都没有说到，但是对于南瓜这么懒的人来说，能够坚持记录这么长的时间，而且插画也都是自己画的，真的是有些意想不到。

今天南瓜再来说一下使护肤产品更好渗透的有效方法。这些方法可以用在精华素、护肤品、化妆水上。

让护肤品更好地渗透

方法1

使用保鲜膜敷在涂抹了护肤品的脸上，促进护肤品的吸收。

解析：使用保鲜膜，充分利用保鲜膜的密封性，可以使护肤品被氧化的时间降低，更大限度地被皮肤所吸收。

方法2

使用自己的双手的手掌，将护肤品揉开，来为护肤品升温，可以促进护肤品的吸收。

解析：在涂抹完护肤品之

后，使用双手的手掌按压住脸颊，也可以促进护肤品的吸收。

方法 3

手指用弹钢琴的方法拍打皮肤，促进护肤品的吸收。

解析：有节奏、轻柔的拍打可以促进皮肤的血液循环，促进护肤品的吸收。无论是使用爽肤水还是护肤品，这样的方法都可以使产品更好地被皮肤吸收。

方法 4

在使用护肤品前先使用按摩霜进行按摩。

解析：使用按摩霜可以促进皮肤软化，也可以促进血液循环，使得护肤品最大限度地被吸收和利用。但是要注意，很多按摩霜都需要洗干净之后才能涂抹护肤品，在使用前一定要看清楚说明。

7月11日

目前为止使用雪水的美白效果虽然暂时还没有看到，但是保湿的效果真的很好。虽然说南瓜以前用的研的保湿水效果也很好，但是相对来说，雪水的效果更加全面一点呢！

不过对于南瓜这样贫穷的人来说，使用雪水来敷脸是一件相当奢侈的行为，所以南瓜只能选择用小黄瓜水来敷脸。不过不要小看便宜的小黄瓜水哦！虽然价格便宜，但是能为皮肤补充丰富的维生素C，有很好的美白和保湿功效呢！

小黄瓜水保湿又便宜

1. 将小黄瓜水倒在面膜纸上，将面膜纸充分的浸湿。

2. 面膜纸敷脸15分钟。

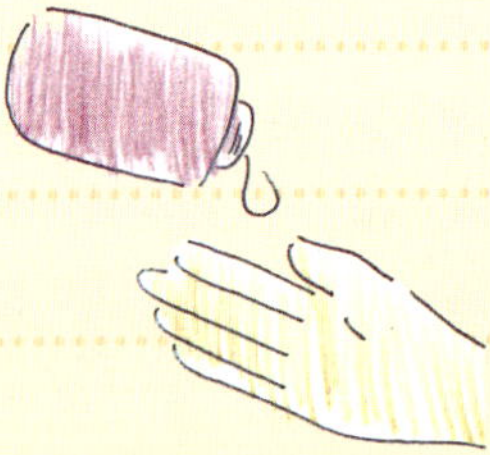

3. 正常涂抹护肤产品。

在这里，南瓜提醒一下敷雪水的美女们，虽然说高丝面膜纸相对来说昂贵一些，但是却能比较省水，对于使用昂贵的雪水来说的美女，性价比更高哦！

7月12日

最近南瓜入眠有些困难，如果使用通俗易懂的话来说，南瓜失眠了。呜呜

对于南瓜来说，虽然以前就很神经质地不容易入眠，但是最近这样的情况却越来越严重了。唉～对于神经质而且还是独居的女人来说，夜晚真的是很恐怖的事情哇！

因为睡眠不足的原因，南瓜的脸上眼袋也比较明显。现在南瓜就浅谈一下遮盖眼袋的办法。

遮盖眼袋

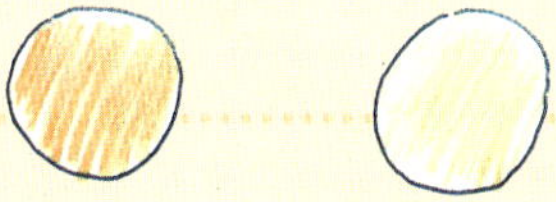

1. 涂抹粉底后，选择可以提亮肤色的浅色遮瑕膏或者粉底液。

2. 涂抹在眼下C部区域。

3. 用手指将边缘处涂抹均匀，将边缘的过渡区域涂抹得不是很明显。

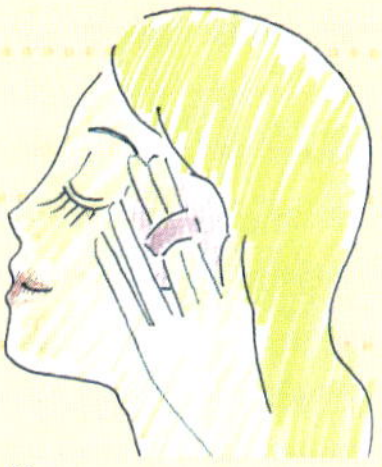

4. 扑上粉。

7月13日

昨天南瓜聊了聊遮盖眼袋的办法，今天来说一下遮盖黑眼圈的办法。

需要注意的是，很多人都把遮盖黑眼圈和眼袋混为一谈，但是实际上，这两种的遮盖办法可是不一样的哦！

遮盖黑眼圈

1. 涂抹粉底后，选择橘色的遮瑕膏。

2. 涂抹在眼下的黑眼圈的区域。根据个人的体质不同，黑眼圈的大小也不同，重点是要遮盖住黑眼圈。

3. 用手指将边缘处涂抹均匀，将边缘的过渡区域弄得不是很明显。

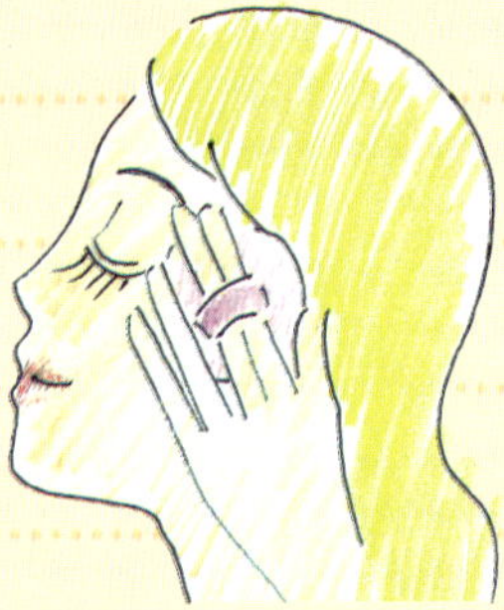

4. 扑上粉。

7月14日

助眠药的效果真的是很不一般，南瓜已经很久没有想睡的时候就可以睡着，而且很踏实地一睡就一整晚了。因为睡眠充足的原因，南瓜的精神和气色也好了很多，而且皮肤感觉很紧实，也充满了弹性。不像以前每天醒来，脸都水肿得好像大饼一样了！由此可见，每天都保证充足的睡眠很重要呢！

如果每天早上起来感觉脸有些水肿，可以用鸡蛋清来消除水肿哦！

消除水肿

洗干净脸后，在脸上均匀的涂抹上一层鸡蛋清，然后等5分钟，在脸上有紧绷的感觉之后，将脸洗净，然后涂抹上护肤品。

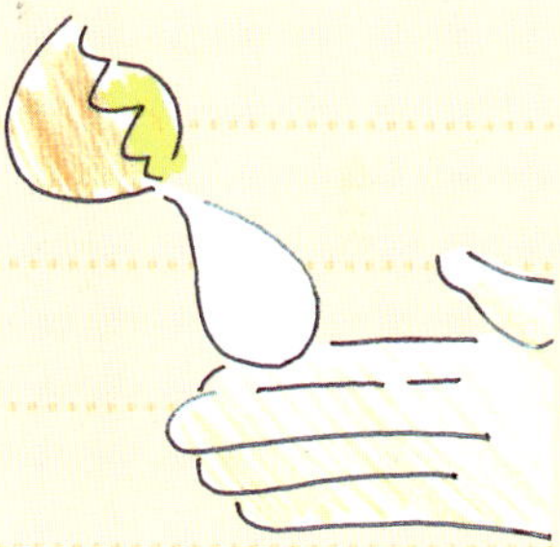

如果感觉涂抹鸡蛋清很麻烦的话，也可以用涂抹护肤品的空档来做一下紧致皮肤的按摩。沿着皮肤的走向来进行按摩，还可以紧致皮肤，提拉下垂的皮肤哦！

懒妹美丽日记

7月15日

虽然天气比较湿润，但是有的时候还是会感觉皮肤比较缺水。尤其是在涂抹过粉底之后，脸上更是容易感到干巴巴的，甚至有的时候还会起干皮。不过还好，南瓜因为总是很容易水油失衡，所以对于起干皮的妆面还是比较有心得！

上妆后皮肤干燥

1. 一般来说，美女们都是在涂抹完粉底之后才发现脸上起干皮了。

2. 在手上挤上一些乳液，要保湿效果比较好的。南瓜一般使用的品牌是宫灯或者大宝。

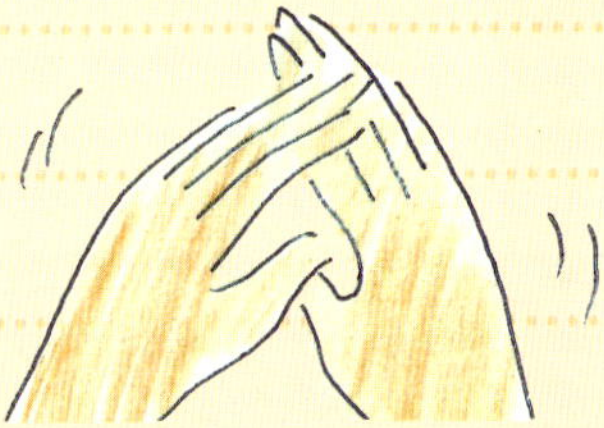

3. 将乳液在手掌均匀地涂抹开。

4. 然后将乳液轻轻地拍打在脸上，注意要将粉底拍打均匀。

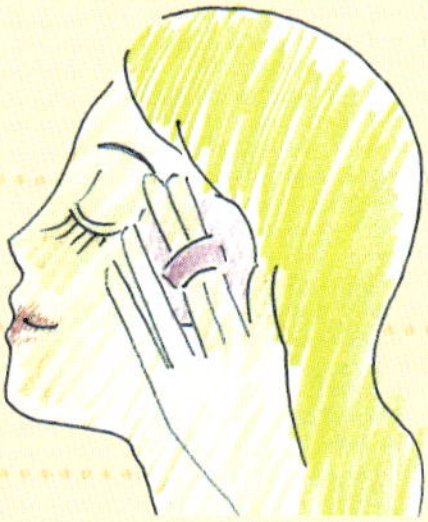

5. 然后等乳液被皮肤吸收之后，再扑上粉。

6. 最后正常工序化妆。

上妆前皮肤干燥

1. 如果在上妆前就觉得皮肤比较干的话，可以先用保湿水敷脸。

2. 然后再将乳液和粉底按照 1 ：2 的比例来搭配。

3. 涂抹在脸上。

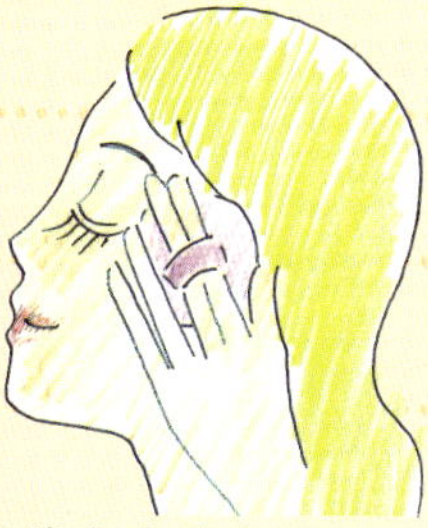

4. 然后等乳液被皮肤吸收之后，再扑上粉。

7月16日

南瓜最近非常非常滴迷恋裸妆，尤其是那通透的皮肤，纤长的睫毛，裸色的嘴唇，都让南瓜迷恋不已。

裸妆利器“猪油膏”

有的时候，很多人总是认为裸妆就是没有化妆，但实际上这种想法是错误的！而且很多电视上看起来似乎没有化妆的裸妆，也都是化了妆的！也就是说，裸妆就是尽可能不留痕迹地来美化自己。因此，对于裸妆来说，底妆和睫毛就显得非常重要！

对于油性皮肤的美女，强烈推荐的是猪油膏。很多人认为涂抹猪油膏很容易起小颗粒，这样的情况就要考虑是不是乳液涂抹的太多，或是使用的手法不正确。

虽然说猪油膏的使用在粉底前或者粉底后都可以，但是南瓜还是认为在粉底前更好一些。另外就是猪油膏的假货很多，网上也有很多的假货，南瓜自己在网上也买过假货，所以美女们在购买的时候最好擦亮眼睛，千万不要因为贪图便宜而上当！

使用猪油膏的时候，要注意滚动按压海绵，让猪油膏均匀地按压在皮肤上。

7月17日

对于经常窝在家里的南瓜来说，身体的亚健康状态可以说是最大的困扰了。

以前因为很少运动，南瓜的身体状况一直都不是很好，而且还很容易感冒、发热。

不过现在南瓜因为注意了自己的身体健康状况，所以精力好了很多，而且气色也好了很多呢！

缓解亚健康的小妙招

◎平时保持充足的睡眠，在月经期间至少提前1个小时上床。

◎加强体育锻炼，提高自己的免疫力，增强体质。

◎可以多吃蔬菜水果，而且还需要多吃一些粗粮。需要注意的是甜食、油炸、高脂肪等惰性食物需要减少摄入量。

◎按摩足三里、三阴交有保健作用。

足三里

三阴交

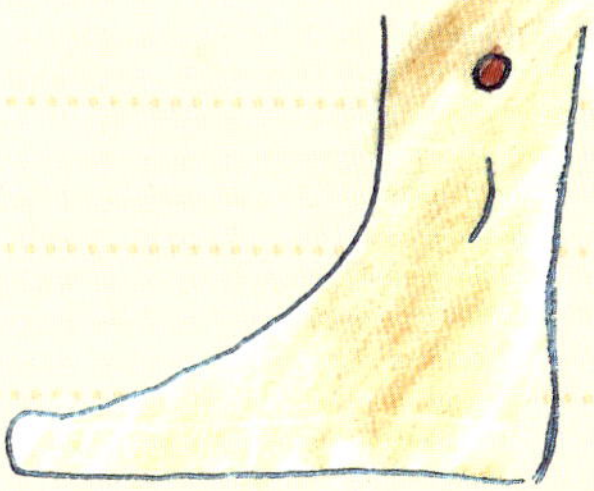

7月18日

在《大奥》的逆转篇中，眼尾用红色的腮红液画出的眼线南瓜一直都很迷恋，感觉有些妖媚，但是却又很惊艳。

很多美女可能一不小心就会把眼线画得很僵硬，这个时候，使用棉棒就可以很轻松地画出柔润自然的眼线了哦！

柔润自然的眼线

1. 先用眼线笔沿着睫毛根部画出眼线。画的时候一定要沿着睫毛的根部来画，这样眼线才能自然。

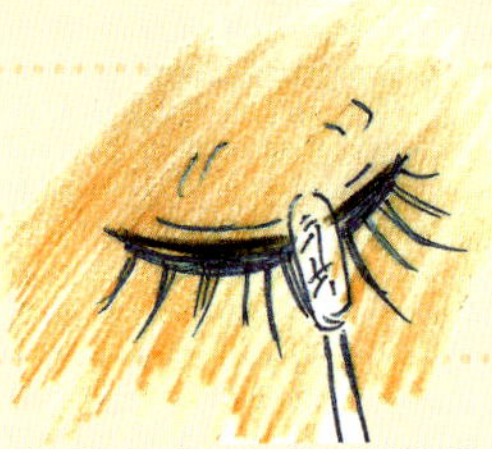

2. 用棉棒轻轻地将眼线晕染均匀。

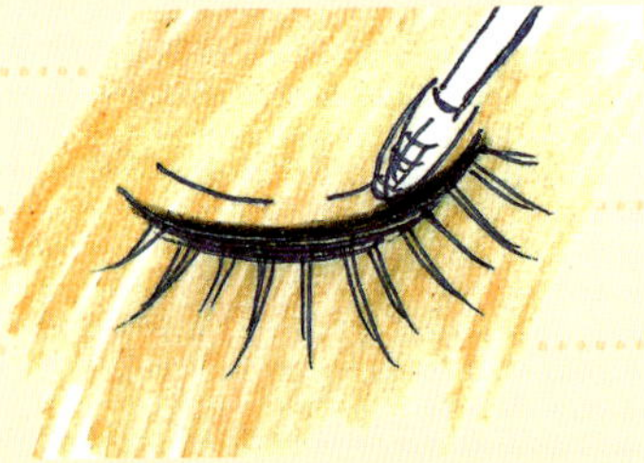

3. 把晕染出来的眼线边缘涂抹开。

4. 将眼线的尾部涂抹出漂亮的尾端。

不同风格的眼线

懒妹美丽日记

7月19日

很多时候南瓜是个生活很不规律的人，虽然说努力想让自己变得更美丽，但是作息时间却一直都很难规律起来。痘痘也总是经常蹦跶出来。呜呜

而经期的异常同样是影响我们美丽的元凶哦！

月经周期异常

月经周期太密或太久才来，都属于月经周期异常的范围。最常见的原因是排卵异常。排卵发生在前1次月经来后的第14天左右，排出来的卵子若没有受孕，在排卵后14天左右，卵巢内排出卵子的剩余组织(称为“黄体”）会萎缩，使得内膜剥落，形成月经。而没有排卵，就没有黄体，激素对子宫内膜的调控就不完全。内膜太厚时，会呈现不稳定的剥落，月经周期不正常，量也异常。这种没有排卵的月经通常会拖很久，子宫内膜剥落不干净，长此以往，子宫内膜会有癌变的危险性。

月经量过少

最常见的原因是没有排卵。没有排卵最常发生在刚开始有月经的第一年、快到更年期的几年内或精神压力太大。

月经量太少的另一原因是子宫内膜粘连，虽有排卵，内膜无法形成，月经量当然很少。造成子宫内膜粘连最常见是因流产手术所引起，多次子宫内膜刮除，加上个人特异性的体质或受到感染，使得内膜受损严重，结瘢，形成粘连。若是长期的排卵情况不佳，月经2～3个月才来1次，那么很可能患上“多囊性卵巢症候群”。

月经量太多

月经量过多、在经血中出现大血块、出现头晕现象时就是月经量太多了。

在没有排卵造成月经量太少或太久没来时，子宫内膜因未完全剥落，变得很厚很不稳定，剥落下来时会形成大量月经。而月经量大很容易在瞬间流很多血，身体甚至会支撑不住导致昏迷，这是很危险的现象。

如果是长期的月经量太多，而且随着年纪的增长情况愈来愈严重，就要考虑是否有子宫肌瘤、子宫腺瘤或血液凝固功能异常。当子宫肌瘤长在子宫内腔或靠近子宫内膜时，会造成经血过多。

不规则出血

不在月经期间的出血，都叫作“不规则出血”。在月经与月经中间的出血，称为排卵性出血，并无大碍，一般是生理性的变化，不需治疗。但是要注意，如果在做爱后出现出血的状况，那么很可能是子宫颈糜烂发炎，一定要及时就医。

更年期后的出血

更年期后的出血常见的原因是使用激素后出血，还有阴道因缺少激素的萎缩性发炎而出血。一旦出现这种情况需要及时、迅速地到医院就医。另外，子宫颈癌拖太久时也会流血。

7月20日

南瓜的身边可以经常见到这样的美女，明明已经很瘦了，但是仍然宣称自己在节食。这样明明已经很苗条了却仍然想减肥，在美女中是很常见的现象。

虽然南瓜自己也经常喊着要减肥，但是下面的营养素一定要均衡摄取哦！

蛋白质

蛋白质是构成生命的物质基础，由碳、氢、氧、氮、硫等多种元素构成多种氨基酸，再由20多种氨基酸组成蛋白质。蛋白质的功能是构成机体细胞和组织，促进生长发育，参加机体物质代谢，形成抗体，增强免疫功能和供给热能。

蛋白质供给量应根据不同年龄、生活及劳动环境而定。

通常情况下，成人每日每千克体重为0.8～1克，如果以摄入植物性蛋白为主，可酌情增量。一般来说，18～40岁成年男性，体重以60千克计算，每日蛋白质的供给量应为70～105克；18～40岁的成年女性，体重以53千克计算，每日蛋白质的供给量应为60～85克。

糖类

糖类是由碳、氢、氧3种元素组成的有机化合物，又称碳水化合物。

糖类的主要功能是供给热能，是人体热能的主要来源。每克糖类产热16.75焦耳。

脂肪

脂肪是由碳、氢、氧三种元素组成，主要以脂肪酸组成的三酰甘油为主要形式。

磷脂、胆固醇均为类脂。磷脂由脂酸、磷氮等有机物构成，是所有细胞的重要成分。磷脂在体内脂肪代谢中起重要作用，胆固醇是机体的重要组成成分。

需要注意的是，胆固醇摄入过多或过少都对身体健康不利。

脂类的主要功能是供给热能。每克脂肪产热37.68焦耳，是产热最高的营养物质。它具有促进脂溶性维生素的吸收，维持体温，保护脏器，供给必需脂肪酸，改善食物口味，增进食欲等作用。脂肪的供给量可根据年龄、劳动强度、体重等情况的不同而异，一般成人每日摄入量为0.8克／千克体重为宜。

矿物质

矿物质又称无机盐，是人体的组织成分。其中人体所需矿物质含量较多的称宏量元素，如钙、磷、钾、钠、镁、氯、硫等。仅含微量或极微量的元素称微量元素，如铁、碘、铜、锌、硒、钼等。

矿物质不能在体内合成，必须从食物中摄取。

矿物质的功能是参与构成骨骼、牙、肌肉、腺体、血液、酶类、毛发等组织，调节人体的生理功能，维持渗透压，保持酸碱平衡，维持心脏的正常搏动。它是人体极为重要的营养素。如果某些微量元素缺乏，可导致机体免疫功能下降，并可诱发相关疾病。

维生素

维生素的种类有很多，分为水溶性维生素——可以溶解于水中的维生素，在人体内不储存，所余的量会随着尿液排出；脂溶性维生素——必须在脂溶性环境下才能被机体吸收和利用的维生素，除了供给需求外，所余的会被储存起来。

维生素A、维生素D、维生素E、维生素K为脂溶性维生素。维生素C、B族维生素为水溶性。多数维生素不能在体内合成，必须从食物中摄取。

维生素在机体不供热，也不构成组织，其主要作用是调节生理功能，增强机体免疫力和合成辅酶。维生素在机体的需要量极小，以毫克或微克来表示，但它对机体的生长发育、物质代谢、生理功能具有十分重要的作用。

缺乏某一种或几种维生素，均会引起维生素缺乏症，或引起其他相关疾病。但是如果脂溶性维生素摄入过量，则会造成维生素中毒，引发其他相关疾病。

膳食纤维

膳食纤维是一般不易被消化的食物营养素，主要来自于植物的细胞壁，分为可溶性纤维和非溶性纤维两类。食物中的果胶、海藻、豆胶等为可溶性纤维。粗纤维、半纤维和木质素等为非溶性纤维。

膳食纤维可以减缓消化速度和最快速排泄胆固醇，让血液中的血糖和胆固醇控制在最理想的水平。

有趣的是，以前的营养素中却并不包括膳食纤维，甚至还认为膳食纤维对身体没有任何用处。

水

水占人体重量的70%左右，是维持生命的最基本的营养素，是构成机体的重要原料，是各种物质的溶剂。

水在体内直接参与物质代谢，具有输送氧气和各种物质，调节体温，滋润器官等重要生理活动。

水会随着年龄的增长而流失，所以美女们要想保持自己年轻美丽的状态，补水和锁水可是相当重要的功课哦。

7月21日

有的时候走在街上，会看见有一些人虽然很漂亮，但是走路的姿势却不是很好看，而相对于X形腿来说，O形腿的人则更为常见一些。

检查一下自己的鞋，如果鞋的外侧磨的比较厉害的话，则有可能是O形腿造成的。如果脚踝并拢站立的时候膝盖中间有拳头那么大的缝隙，则说明O形腿比较严重了。而且O形腿还有可能导致腿部严重畸形和膝盖疼痛呢！一定要注意哦！

要想改善O形腿，重要的是矫正自己日常生活中的姿势，并且要注意锻炼支撑骨盆的腰肌。

腿形矫正

动作1

1. 坐下后用双手按住一条大腿的根部。

2. 用脚尖的力量把腿抬起来。左右腿各做20次。

动作 2

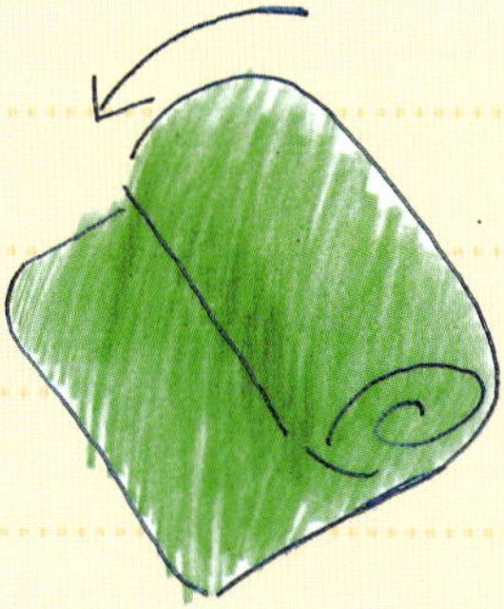

1. 把小毯子卷成卷，或者拿厚点的靠垫。

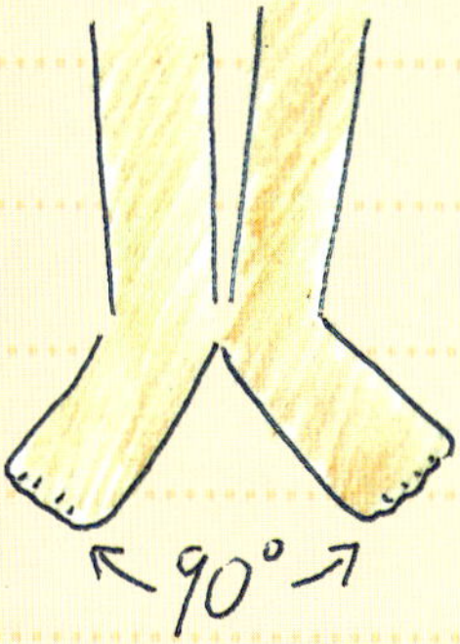

2. 脚跟并拢，脚尖张开 90°角。

3. 将毯子用大腿夹住。

4. 用力收紧腹股沟 20 次。

7月22日

人体各部位的运行都有“生物钟”规律，在不同时间段里，身体状态各不相同，皮肤同样如此。只有掌握皮肤状况变化的生物钟，才能把握敷面膜的最佳时间！

人体生物钟和面膜的关系

23：00～05：00

人体细胞生长和修复最为旺盛的时期，皮肤对护肤品的吸收力非常强，最适宜进行面膜护理。最好在热水沐浴后，敷上保湿面膜，这时皮肤毛孔打开，对皮肤补水保湿的效果极为明显。当然，也别忘了敷面膜后涂抹保湿霜，可以起到锁水的作用。

05：00～08：00

细胞的再生活动也降到了最低点，淋巴循环缓慢，因此很多人会发现起床后眼皮肿胀。此时皮肤状态并不适合进行常规的面膜护理，但许多女性熬了通宵，需要改变黑眼圈的状态，精神抖擞出门去；又或是脸色欠佳，却需要去赶赴重要的约会。所以，此时不妨进行一些局部的面膜护理，如敷眼膜，以增强眼部的血液循环。

08：00 ~ 12：00

皮肤功能达到高峰，人们的精神状态也比较好。此时皮肤细胞组织的抵抗力比较强，皮脂腺的分泌液很活跃，承受力比较好。所以此时如果有时间进行面膜护理，可以做去角质面膜、淡斑面膜、去痘面膜等，皮肤在这时出现过敏现象的概率较低。

12：00 ~ 16：00

人们的精神普遍比较疲惫，身体血压和激素分泌也降低了，皮肤状态也会开始下降。很多人会发现上午皮肤还光洁滋润，这时可能就会出油或者干燥，还可能出现小小的细纹。所以，此时如果有时间进行面膜护理，可以做一些保湿补水面膜，以及紧肤面膜，还可以适量加入一点精华素。

16：00 ~ 20：00

血液中含氧量提高，皮肤对营养的吸收力也增强了。而且对于上班族来说，这时正是人们在外忙碌了一天，回到家中的时刻，如果皮肤在户外受到了伤害，如紫外线、大风、干燥气候等，尤其是受到了日晒的伤害，此时回到家中就应该进行紧急的护理，包括晒后修复面膜的护理。此外，由于这时皮肤的吸收力较好，也可以做一些滋养型的面膜。

20：00 ~ 23：00

皮肤微血管抵抗力最弱，血压下降，容易发生水肿、发炎等状况，并不是最佳的敷面膜时间。

7月23日

减肥最快的方法是什么？就是节食。南瓜曾经用节食和减少饮水的方法来进行减肥，一天就瘦了8斤。但是节食减肥也是最容易反弹和伤害身体的减肥方法。

不要节食减肥

如果我们一天只吃两顿饭的话，那么每顿饭的饭量就会相应地增加，而且因为省去了一顿饭，所以在两餐间经常会忍不住地要吃一些零食来使自己产生饱腹感。如果我们固定早上不吃早餐，那么我们的身体就会自动储存更多的脂肪来应对早上的空腹感，反而会让我们身体脂肪含量更高。

如果我们每顿饭都限制自己的食物摄入量，过度使自己处于空腹感之中，那么我们的身体为了应对这样的状况，便会尽可能地进行调节，尽量减少热能的消耗，努力存储更多的脂肪来减缓这样的饥饿感。而且不正确的极端节食还会使我们的肠胃处于空转运行状态，不但增加了胃病的概率，还会患上胆囊炎，对于健康是一大威胁。更为严重的是，节食还可能发展成厌食症，这很有可能危及自己的生命呢！所以，大家还是不要用节食来减肥的好！

7月24日

减肥成功后，很多美女总是担心会反弹。这时就反映出你选择的减肥方法到底是不是正确的了。

吃减肥药减肥法

反弹率：50%

吃减肥药不能归于饮食美体法中，与运动美体法更是沾不上边，所以也就暂且先放在这里。减肥药对于很多懒得花时间和各种方法来持续减肥的美女来说，可以说是最省事的方法。而且吃减肥药的同时，还可以不用运动、不怎么节食……真的很有诱惑力。

一般来说，减肥药通常是利用抑制食欲和加速燃烧脂肪的方法来达到瘦身的目的，一旦停药，脂肪代谢又变得缓慢起来，食欲慢慢恢复，体重反弹当然很容易。而且，如果选择了不好的减肥药，结果可不只是瘦不下来这么简单，甚至连健康都可能被赔进去。

抗击反弹方法：坚持运动

并不是所有的运动都需要大汗淋淋，对于靠吃减肥药瘦身的美女来说，只要适当地做一些简单的运动就可以将完美身材保持下来。

不吃米饭减肥法

反弹率：35%

首先恭喜不吃米饭减肥成功的美女！

要知道不吃米饭在诸多瘦身方法里复胖率算很低的了。白饭、面包等糖类摄入过多的确是让人发胖的原因。

但是它们又是脂肪燃烧的必要成分，如果没有摄取到糖类里的B族维生素，也很难真正变成易瘦体质。因为长期不摄入糖类的话，身体很容易疲劳。

抗击反弹方法：早餐要吃好

如果想要将已经瘦下来的身材保持下去，最好的方法是在晚餐的时候不吃米饭，而早餐则要吃得饱一些。对于在办公室工作的美女来说，午餐也很关键，最好选择蔬菜和鱼类等易消化的食物，而每天下午犒劳自己一个水果也是必不可少的。

单一食物减肥法

反弹率：95%

很多美女选择靠单单吃黄瓜和番茄来瘦身，这个方法在最开始的确可以看到不错的效果。但是很遗憾，单一食物减肥法的复胖率是最高的。因为单一的食物里通常只有一种或简单几种营养素，身体的新陈代谢会因为摄取不到合理完备的营养而逐渐退化，身体各项功能都会逐渐变差。长时间使用这种方法来减肥的美女，生理期都会受到影响。而且由于身体的摄取功能已经紊乱，只要吃一点其他食物就极容易复胖。

抗击反弹方法：均衡营养

健康和苗条哪个最重要？想必所有理智的美女都会选择前者。面对如此高的反弹率，建议这样的美女还是要尽量摄取一些其他食物，像鱼类、菌类、青菜都是保持身材的好食物，记得只要不过多摄取油脂，可以瘦身的食物并不仅仅只有黄瓜和番茄哦。

不吃油减肥法

反弹率：90%

在所有的营养成分里，油脂的卡路里的确是最高的，也是最容易让人发胖的，所以一直被当作减肥的大敌。但是人体却不能完全不摄取油脂，否则皮肤和头发都会变得干燥，指甲也容易断裂，结果就算是体重减轻了，也会失去白里透红的好气色。

抗击反弹方法：更替食用油

如果真的那么介意油脂的热能，又希望瘦身能有成效，那么尽量避免选择动物性的油脂，可以选择含不饱和脂肪酸的橄榄油。而食材则要避免油脂的摄入，这样一来，才能由内而外瘦得漂亮，瘦得健康。

7月25日

现在的社会中微整容已经越来越流行了，也有很多的人会趁着假期的时候做一下双眼皮或者垫个鼻子。其实南瓜觉得爱美之心人皆有之，每个人都有让自己变得更加美丽的权利哦！

因为对其他的微整形了解得比较少，所以南瓜这里就简单介绍几种可以让自己更加年轻的整容方法哦！

玻尿酸

玻尿酸又名糖醛酸及透明质酸，是人体真皮组织的成分之一。玻尿酸注射是将玻尿酸以填充物的方式注入真皮皱褶凹陷或欲丰润的部位，如嘴唇、脸颊、鼻梁、下巴、瘢痕等处，可达到立即除皱与改变容貌的效果。

◎适用人群：适用于各种年龄层。

◎效果：消除脸部静态纹（包括眼部细纹、眼尾纹、泪沟、眼袋、法令纹、笑纹等）、丰唇、修饰唇型、修饰下巴、鼻型增高、鼻型改造、丰颊、填补凹洞（例如痘瘢）。

◎治疗过程：最重要的是事先与医生仔细讨论需要注射的部位，以及想要塑造的形状，必要时必须先签订同意书，并在术前术后拍照做比较。治疗时会先进行清洁及消毒，涂抹麻醉药并用塑料膜压住，确保麻醉效果后才进行注射。

◎治疗效果：效果可维持 6 ～ 24 个月。

◎不良反应：注射玻尿酸后可能会产生暂时性的轻微发红、肿胀、瘙痒现象，但这些不适应的情况通常会在几天后消失。玻尿酸的不良反应较少，对人体而言没有长期性的不良反应。

◎注意事项：在注射玻尿酸后的 24 小时内，为了让形状固定，要避免触碰注射的区域。

不要在注射的部位冰敷或热敷。注射后短时间之内要避免做剧烈运动。注射后一般可以做基础保养，不要在治疗部位按摩。注射后要暂时避免洗桑拿。如果服用阿司匹林或其他类似药物，可能会增加淤青及流血的情形。做玻尿酸丰唇，术后一周内进食时尽量不要碰到嘴唇，避免进食过冷或过热的食物，以免使玻尿酸流失加快。

◎费用：900～6800元（单只估价）。

肉毒杆菌

肉毒杆菌是一种神经毒素，可阻断神经与肌肉间的神经冲动，放松过度收缩的小肌肉，还可以暂时麻痹肌肉，从而使肌肉因失去功能而萎缩，以达到雕塑线条的效果。注射肉毒杆菌的效果一般在半年以上，注射的次数愈多，效果维持愈久。只有少部分的美女会产生抗体，必须每次增加剂量。这也是很多明星最喜欢的美容方法，过了30多岁依旧和少女一样年轻动人，肉毒杆菌功不可没。

◎适用人群：任何年龄层。表情夸张的美女都容易产生动态纹，也就是表情纹，可以通过注射肉毒杆菌来改善纹路。如果在工作上经常需要运用到动态纹，来呈现丰富的表情，如演员、演说家，就不适合注射肉毒杆菌，因为注射之后会影响到脸部的表情。

◎效果：消除动态性皱纹（如鱼尾纹、眉间皱纹、唇纹、抬头纹），消除萝卜腿，瘦脸。

◎治疗过程：事先与医生仔细讨论需要注射的部位。有必要时须签订同意书，并拍下术前术后的相片比较。注射前先消毒，注射肉毒杆菌的进行时间视注射的面积而定，需要10～20分钟，注射完后要静待5分钟。

效果在注射后3～4天才会出现，第7天以后才会达到最佳状况。

◎治疗次数：视个人情况而定，除皱疗程效果可维持

6～24 个月。

◎不良反应：注射完之后可能有轻微的肿胀、暂时性轻微发红、瘙痒或头痛现象。如果注射肉毒杆菌的剂量太多或注射的部位不对，可能会造成脸部表情僵硬、眼睛睁不开、嘴角歪斜等后遗症。有神经肌肉疾病、重症肌无力的美女不适合注射肉毒杆菌，大约有 2% 的概率会导致眼睑下垂，但是这只是暂时性的，药性减弱后该情形将渐渐减退。

◎注意事项：注射前两周应禁止使用阿司匹林，以避免注射的部位产生淤血。不可与氨基糖苷类抗生素并用。

注射完后不能在注射部位进行冰敷或热敷。注射完 4 小时内应避免脸部按摩、睡觉及头部前倾和运动。注射完至少 3 小时之内要保持挺直的姿势。注射完 24 小时内避免剧烈运动。注射后暂时不要洗桑拿。注射后 6 小时内，要避免接触注射区域。可以进行轻微的卸妆。头部改变姿势的次数愈频繁，注射的效果会愈差。

◎费用：900～8000 元（依量计价）。

超声刀

超声刀是通过影像设备对皮肤进行诊断后，不切开任何皮肤的状态下，给真皮层导入热能，促进胶原蛋白增生，对皱纹进行改善的技术。高强度聚焦超声波是通过高强度的超声波，从源头上改善静态皱纹。

◎适用人群：有皮肤松弛、出现皱纹、无弹性问题的美女。

◎效果：淡化细皱纹、紧实老化皮肤。改善因日照形成的伤害，特别是针对皮肤弹性以及轮廓紧致。

◎治疗过程：治疗前要先卸妆和洗脸，戴上头套，并将毛巾围在脖子上，露出治疗部位，进行治疗约 60

分钟。

治疗后需做保湿，并涂抹防晒隔离霜。治疗1次即可。

◎不良反应：治疗后的几小时可能会有轻微的泛红，水肿、小刺痛。

◎注意事项：需注意做好清洁保湿，忌口。

◎费用：18000元以上。

＊本书所写的费用都是估算费用，不同整形医院和美容院的价格也千差万别，而且用品的产地和功效也各有说法，请务必仔细辨别，最好到正规的整形医院注射。

7月26日

激素的水平虽然每天都在变化，但是通过一些小测试，却可以看到自己的激素是变化还是衰老！

激素小测试

请回答下面20个问题，如果有此类情况，则得相应分数，如没有，则不得分。最终如果你的得分在20分以下，表明你的激素正常；20～40分，表明你轻度缺乏激素；40～60分，表明你缺乏激素，已经开始面临衰老的威胁，需要进行调整；60～80分，表明你已严重缺乏激素，可以考虑借助外界手段来调整激素；80～100分，表明你已极度缺乏激素。

1. 睡眠不好，质量差？（4分）
2. 感觉自己开始变老？（4分）
3. 体力和耐力不如从前，容易疲劳？（6分）
4. 性欲减退？（4分）
5. 记忆力衰退？（6分）
6. 身体某部位常有疼痛，颈椎、腰椎出现问题？（4分）
7. 面部松弛有皱纹，晦暗起斑？（6分）
8. 血压不正常？（4分）
9. 伤口愈合慢？（4分）
10. 血糖低，食欲亢奋，有强烈饥饿感？（4分）
11. 免疫力降低，经常感冒？（4分）
12. 夜间潮热、出汗？（6分）
13. 经常烦躁，情绪不稳定？（4分）

14. 每次月经来临都有不适感，如痛经、月经不规则等？（6 分）
15. 体态臃肿，小肚腩出现？（6 分）
16. 经常头痛、头晕？（4 分）
17. 行动时易骨折，有驼背、身高变矮的现象发生？（6 分）
18. 绝经，月经量少？（6 分）
19. 阴道干燥松弛，做爱疼痛？（6 分）
20. 乳房下垂？（6 分）

7月27日

在使用美白护肤品的同时，还想用紧致抗皱护肤品来消除皱纹和松弛。这种情况下，究竟该怎么进行呢？

美白和紧致抗皱护肤品的使用顺序

美白和紧致抗皱护肤品一起使用的时候，很多美女会选择先使用美白产品，主要是认为涂抹了紧致产品后，美白产品就不容易被吸收了。其实，我们应该先使用紧致抗皱的产品。

皱纹和松弛都源于真皮，而色斑则发生在表皮上。护肤产品先涂抹会比后涂抹渗透得更深。所以说，正确的做法应该是先涂抹紧致抗皱的护肤品。另外，提醒大家一点，千万不能为了省事，而把两种护肤品混合在一起同时使用！

懒妹美丽日记

7月28日

南瓜承认最近这几天对于内养非常感兴趣。今天南瓜就来聊一下有关生理周期皮肤护理对策！

生理期皮肤护理对策

周期时期	皮肤状态	护理要点
排卵后的黄体期	排卵后孕酮的分泌量会增加，皮脂分泌变得活跃，是容易出现痘痘的时期。这一时期也容易出现色斑、肤色暗沉和水肿	这一时期皮肤容易油腻，因此要注意每天彻底清洁面部，防止皮脂积聚。眼角和嘴角等容易干燥的部位要加强保湿护理
月经期	皮脂分泌功能下降，皮肤变得容易干燥。身体容易发冷，皮肤也处于敏感状态。月经结束后雌性激素的分泌量增加，身体慢慢恢复到正常状态	这一时期不容易出现痘痘。皮肤容易干燥甚至发生干裂，要注意认真进行保湿护理。在月经结束身体恢复到正常状态前，要注意贫血等问题
从月经后到排卵前的卵胞期	由于雌性激素的分泌量增加，容易油腻的皮肤恢复到正常状态。肤色暗沉的状况也会得到改善，肤色恢复正常且易于上妆。但是要注意局部可能出现干燥	这一时期皮肤处于较为稳定的状态，皮肤护理也容易取得较好的效果。为了保证皮肤质量不断上升，要坚持进行正确有效的皮肤护理

7月29日

用凉水洗脸

很多美容杂志和美容师都建议我们使用温水洗脸，但是正是这样看起来理所当然的事情，却是造成我们皮肤干燥的一大元凶。

我们可能在日常生活中有这样的感觉，在不使用洗涤剂的情况下，盘子上的油脂在温水或者热水中会比凉水中容易洗掉，这是因为热水可以溶解油脂。同样的道理，虽然是毫不起眼的量，温水也可以将我们脸上的皮脂洗掉。但是也要注意，有很多人因为用热水洗脸造成皮肤干燥，这样反而使皮脂更加明显，而且动不动就长痘痘。

皮脂是保护皮肤的第一道防线。如果没有了皮脂，那么具有天然屏障作用的细胞间类脂体就容易流失哦！

如果冬天的水冷得让人受不了，那么就让我们用和夏天水温一样的水来洗脸吧！至少水温不可以高过自己的体温哦！冬天在浴室洗脸的时候，如果不想把冰凉刺骨的水淋到身上，那么可以在洗完澡的时候再洗脸。这样化妆品在脸上形成的皮膜能够保护皮肤，起到抵抗洗澡的时候热水溶脂的作用。

7月30日

去除手指上的倒刺

很多美女虽然很注意保护自己的双手，但是双手手指上还是会有倒刺。呜呜呜～其实南瓜也是呢！

手指上的倒刺增加，是因为皮肤太干燥，角质层有裂纹所致，如果很久仍不愈合，那就是缺乏维生素C。倒刺一般长在指甲旁边。手指上出现倒刺时，不要老是急着将它拔掉。因为倒刺与肌肉是连在一起的，用手或其他工具撕拉倒刺时，不仅疼痛，还会让周围的皮肤受伤，甚至会引发流血，导致手部感染。正确的方法是用水浸泡有倒刺的手，等指甲及周围的皮肤变得柔软后，再用小剪刀将其剪掉，然后抹上护手霜。使用含维生素E的营养油按摩指甲四周及指关节，也可去除倒刺及软化粗皮。

把湿润且富含营养物质的手膜敷在手上，再在手上覆盖一层薄膜，营养物质和水分就可以缓缓地渗入皮肤深层，手部皮肤便会重新恢复柔软，弹性也会增加哦！

1. 用温水浸泡双手，等皮肤变软后，用温热的毛巾轻揉，促进其血液循环。

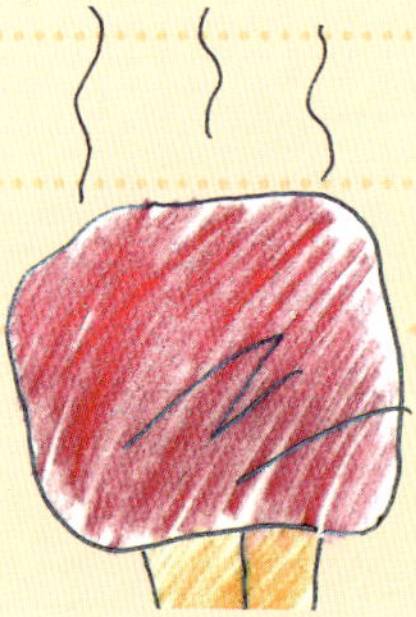

2. 如果使用的是无纺布手贴膜，可以直接敷在手背上，15～30分钟后揭下即可。如果使用的是膏状手膜，则需要将其均匀涂满全手和手腕，再包上塑料薄膜20分钟后，等皮肤完全吸收了其中的营养成分，再揭掉薄膜，洗净双手。如果时间紧，也可以不包塑料薄膜。

3. 指尖轻轻按摩手背皮肤及手上穴位，彻底放松手部肌肉。

4. 全套护理完成之后，一定要马上涂上护手霜，再轻轻按摩片刻，趁着皮肤毛孔还没有完全闭合的时候，让营养成分渗入更深层的皮肤内。

7月31日

很多美女在快来月经的时候，都会有乳房胀痛的感觉。有些美女对此相当在意，总是认为这可能是自己的乳房有什么疾病，但是实际上，在月经来潮前有乳房胀满、发硬、压痛的现象是一种相对正常的情况，这是由于经前体内雌性激素水平增高，乳腺增生，乳房间组织水肿引起的。一般在月经前一周开始发生，表现为乳房胀痛，活动后会加剧、加重，而当月经来潮后就会逐渐消失。也可以用下面的办法来进行缓解。

缓解经期乳房不适

改变饮食习惯

采用低脂肪高膳食纤维的饮食。

低盐饮食

高盐的食物易使乳房胀大，月经来前的 7 ～ 10 天尤应避免这类食物。

摄取维生素

饮食中应摄取富含维生素 C、钙、镁及 B 族维生素的食物。这些维生素有助于调节前列腺素 E 的形成。另外，人造奶油中的氢化脂肪会干扰体内必需的脂肪酸（来自食物）转化为 γ-亚麻油酸 (GIA) 的能力，而 GIA 促成前列腺素 E 的形成，进而抑制催乳激素的产生。

远离咖啡

许多有乳房痛及其他良性症状的女性，在戒除咖啡因后，症状有明显的改善。另外，每天饮 2 杯以上咖啡的美女患乳腺癌的概率要远远大于其他美女。

避免摄入利尿药

利尿药的确有助于排出体内的液体，也能削减乳房的肿胀。但过度使用利尿药会导致钾的流失、破坏电解质的平衡，以及影响葡萄糖的形成。另外，很多减肥药含有利尿药，一定要注意！

热敷缓解

热敷是一种传统的中医疗法，可用热敷袋、热水瓶或洗热水澡等方式缓解乳房痛。

经常按摩乳房

轻轻按摩乳房可使过量的体液再回到淋巴系统。

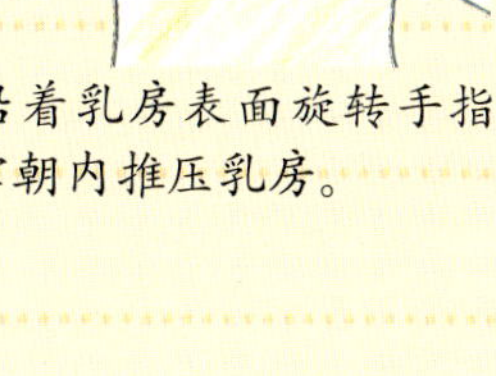

1. 沿着乳房表面旋转手指，用手掌朝内推压乳房。

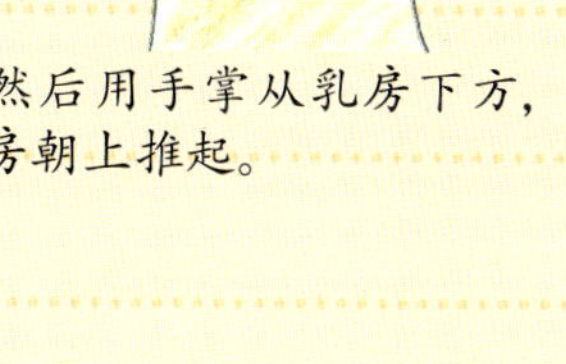

2. 然后用手掌从乳房下方，将乳房朝上推起。

8月3日

南瓜曾经是一个小驼背。因为小的时候并没有注意身姿的问题，所以南瓜直到高中的时候才发现自己是个小驼背。上了高中之后，那时候风靡背背佳，于是妈妈也给俺买了。从早上戴到晚上，戴的是双肩酸痛，要死人似的，但是就这也不敢摘，生怕摘了就没有效果。

大学的时候，一进校门，首先就被拉出去军训了半个月。虽然每天顶个大日头，饭也吃得不好，天天还挨训，也不能洗澡，不能洗衣服……但是，经过半个月时间天天站军姿，驼背的状况又有了改善。于是乎，之后很长一段时间，每天晚上熄灯前就多了一项任务——站军姿。虽然站军姿很痛苦，但是每天坚持站军姿，不但可以使驼背状况得到改善，而且还可以优美自己的站姿呢！

站军姿改善驼背

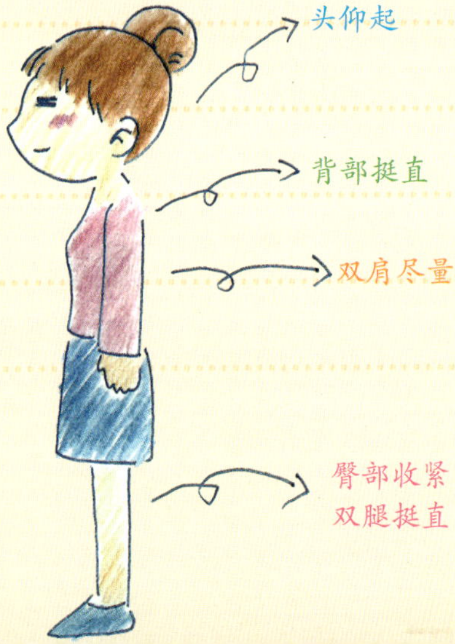

8月6日

在夏天的时候，小胳膊看起来粗粗壮壮的，不但穿无袖的衣服不好看，就连一抬胳膊，都会有肉肉在上面抖动的感觉。真是太烦人了！

虽然说胳膊上的那块多余的肉肉看起来分量不大，但是减起来却颇费功夫，一不小心，手臂上强壮的二头肌便被锻炼出来了。

消除"蝴蝶"臂

每天向上伸直自己的手臂，双手相握，如此坚持5分钟。这样做不但可以锻炼上臂内侧的肱三头肌，而且还可以起到使胸部上翘的作用。

在天气暖和的时候，睡觉的时候也可以将双臂举起，放在头边入睡。可以拉伸自己的肱三头肌，使胸部上翘。只是脂肪燃烧并不多罢了。

8月9日

长久不运动，或者随着年龄的增长，背部就非常容易长赘肉。当我们做含胸、驼背这样的姿势时，由于腹肌和背肌没有用力，长此以往，这些部位的肌肉力量便会下降，肌肉便会变得松弛，堆积起脂肪。

就让我们从生活的坐姿和站姿开始调整我们的肌肉吧！

调整背部肌肉

双手握住装满水的矿泉水瓶，水平状的双手尽量伸展开。重复10次。

双手合十，用力将双手互推。

8月17日

整骨美体法

整骨美体法听起来不但恐怖，就连操作起来，也会使得被整骨的人感觉到疼痛。而且整骨并不是1次就有效果，还要过一段时间才能看出明显的变化。

整骨后身体的酸痛及骨骼的不舒服，都会在治疗3～5天之后出现，但长期接受治疗之后，原本的疼痛都消失了。

由于女人的下半部骨骼发育和男性不一样，再加上女人为了美姿美仪，常翘脚或做一些不符合人体工学的美丽姿势，如此一来就会造成肌肉拉扯，导致身体的骨架变型，造成血管中的淋巴腺也跟着变样，自然就会引起血液循环不良，更严重的还会堆积脂肪在同一个部位，因而造成肥胖的体型。而整骨作为一种纯自然疗法，以肌肉和骨骼应有的正确位置为主，以调整骨骼的技法来塑造身材曲线，把人体应该有的曲线，经由骨架的调整使它更完美。骨骼位置正确了，经络通畅了，内脏血液供给丰富了，身体循环正常了，身体就健康了，再配合正常的作息和饮食习惯，健康的身体、窈窕曲线就可以轻松拥有了哦！

懒妹美丽日记

8月15日

嗯～～～经过长期坚持不懈的努力和经验，南瓜对于如何显得年轻，得出了几点自认为比较值得参考的要点。美女们就取其精华，去其糟粕吧！

让自己显得更年轻

1. 要想看起来年轻，装嫩是必不可少的！这样说不是要大家和我一样，都有这样的厚脸皮功力，但是大胆地使用一些年轻、流行的词汇，选择一些符合自己特质、年轻感的服饰，都会让自己看起来比实际年龄嫩许多。嘿嘿！

2. 要注意在镜子中的自己。年龄大了，不可避免在笑、说话、生气的时候会显露出皱纹。所以在镜子中观察自己的表情，找出会使自己显得老的表情，尽量不去使用。

3. 在化妆的时候，对付皱纹一定不要用厚重的粉去遮掩。这样反而有此地无银三百两的感觉。而且稍微一有表情，粉立刻会将皱纹的周围堆砌得更加明显。

4. 每天都注意活动自己的眼球，使自己的眼睛看起来更加明亮。针对眼干、眼疲劳等症状，要选择合适的眼药水来缓解。多吃含有 β- 胡萝卜素的食物对眼睛大有好处哦！

5. 手和脖子是泄露自己年龄的部位，一定要好好保养。

6. 甜美、可爱的笑容不但让自己更有亲和力，还会使自己显得年轻！

8月16日

法令纹一旦产生，后果可是很严重滴！而且法令纹可是很难消除的呀！为了除掉俺的法令纹，南瓜可是足足花了1年的时间。这其中，不但有着耗费掉的精力，还有我那好不容易挣来的钱钱啊！

去除法令纹

方法 1

将舌尖抵在牙齿外面，然后顺时针和逆时针各转动20次。

方法 2

将双手的食指和中指沿着法令纹的纹路掐起来，轻轻揉捏1分钟。

方法 3

使用具有除皱效果的眼霜，涂抹在法令纹两侧，并且轻轻按摩。南瓜使用的是雅诗兰黛即时修护眼部精华霜，虽然贵了点，但是对抗皱纹的效果很好！也有姐儿们推荐迪奥的眼霜也很好用，但是南瓜还没有试过。

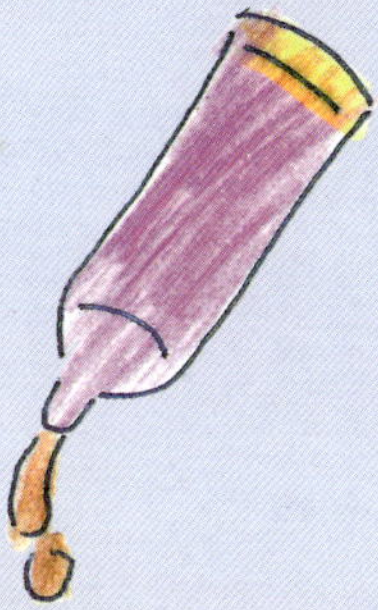

8月17日

骨胶原又叫构造蛋白质，占人体蛋白总量的30%～40%，它分布在人体肌肉连接的肌腱中、关节连接的软骨组织和结缔组织及皮肤的真皮层中。骨胶原也是组成人体肌肉、皮肤的重要成分，对于保持骨骼的韧性、人体运动的协调性及皮肤的弹性有很大帮助。

在我们的皮肤中，除了水分以外，其中70%就是骨胶原。它负责把细胞连结成为组织，如填充物般填满细胞间之空隙，令皮肤看来如吹胀了的气球般，饱满又有弹性。一旦皮肤中的骨胶原含量降低，会令皮肤的含水量降低、失去弹力，新陈代谢也会随之减慢，暗沉的色素积聚，令肤色变得暗哑。干燥的皮肤也因骨胶原不足而较容易长出皱纹。

骨胶原的样子

形象地说，家里熬的骨头汤，冷却后变成果冻状有弹性的物质，这种物质在活体中即是骨胶原。

不过不要以为只要拥有“足够”的骨胶原，皮肤就可以长生不老，而且白滑紧致哦！因为即使拥有再多的骨胶原，但排列松散的话是没有用的。年轻的时候，骨胶原会组成一束束微弯的纤维，每层互相连结形成直角排列，皮肤才结实细致。当皮肤中的蛋白细胞流失或质量不断下降，令胶原纤维变得松散，整体组织的支撑功能下降、失去连结，皮肤就会变松弛，像倒塌了的大厦。因此要维持皮肤的弹性，骨胶原的质和量同样重要。

那么我们到底把骨胶原直接喝进肚好，还是涂用骨胶原护肤品好？因为皮肤从这两个途径吸收骨胶原的方法及程序都不同，所以不能直接比较的。

但是我们要知道，以摄取一般的蛋白质食物或骨胶原补充品来说，经由消化系统吸收后，会分解成氨基酸(蛋白质的最小单位)，再组合生产骨胶原所需的原料，所以食用含骨胶原成分的食物是有效的。有研究指出，真正能运送到皮肤的大概只有 3%～5%，其他会被运送到身体其他部分。因为假若身体认为眼睛更需要这些骨胶原，那么皮肤得到的可能较少。

如果一定要为我们身体需要的骨胶原来定量的话，那么人体一天大约流失 2000 毫克骨胶原，所以每天摄取 5000 毫克骨胶原比较好。

鸡蛋、牛筋、鱼皮、银耳等食物都含有丰富的胶原蛋白。但是，需要持续每天补充骨胶原的流失量才可以哦！

另外，维生素 A 已被证实可以有效地令骨胶原再生。有充足的数据显示，只要你连续使用维生素 A 20 年，20 年后，你一定会比没使用维生素 A 产品的人年轻！由此证明，持之以恒同样是抗衰老的关键。至于大豆精华就有促进皮肤增生胶原蛋白、润泽皮肤之效，很多产品都会加入这种成分以协助发挥更好的效用。

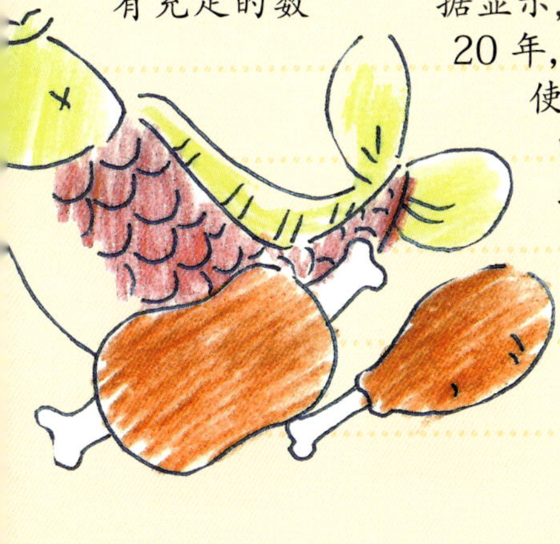

8月20日

颈部的横纹不一定是由于老化而造成的。由于颈部有骨骼、甲状腺等，所以皮肤会顺着这些凹凸不平的纹路出现一些细纹。

防止颈纹加深

虽然说是因人而异，但即便是小孩子，颈部也有可能出现颈纹。在平常我们也可以使用含有维生素A的保养品进行护理。

还有一种说法是，使用枕头会让脖子产生颈纹。虽然说枕头并不是毫无影响，但是睡觉的时候不用枕头就会增加身体对脊柱的负担，所以还是最好用适合人体的枕头来进行睡眠。注意哦！请尽量保持仰卧的姿势。

这样结构的记忆海绵枕头对于保持体形，防止颈纹的产生，缓解身体的疲劳也是大有好处的！虽然可能开始的时候不习惯，但是使用后真的会感觉很舒服呢！

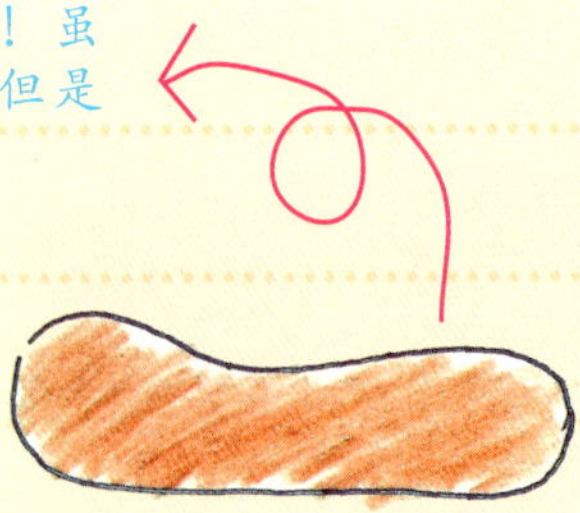

8月25日

为了使自己更受男生的欢迎，即便是自己并不适合戴隐形眼镜，但还是戴美瞳；长时间在电脑前面努力工作，忽视了眼睛的疲劳感……这样的眼睛问题，越来越多地出现在年轻人的身上。

我们可以通过下面的一些方法来保护自己的眼睛，使我们明眸善睐。

保护眼睛小妙招

1. 不要长时间持续使用电脑。通常每进行电脑操作1小时，就需要休息10分钟。在休息时可进行望远或做眼保健操，观看绿色植被有利于放松眼部肌肉。使用眼药水也能在一定程度上防止眼干涩，保持眼睛湿润。

2. 眼睛与电脑屏幕之间应保持50厘米以上的距离，最好采用下视20°的视角。对于需要进行文稿录入的人员来说，应缩短文稿和电脑显示器屏幕的距离，降低眼睛不停转换目标引起的疲劳。

3. 在使用电脑时应多眨眼，以增加眼内润滑剂和酶的分泌，保持眼睛湿润。

4. 每天饮用绿茶。茶中的脂多糖，可改善机体造血功能，能增强人体的免疫能力，减少辐射影响。

5. 多吃一些新鲜的蔬菜和水果，其中丰富的维生素可以预防角膜干燥、眼干涩、视力下降，甚至夜盲症等眼病。

6. 如果出现眼睛不适，经过长时间休息而不能解除症状者，则需要及时到医院接受医生检查。

8月26日

待在办公室里，不由自主地便忽视了对于自己外貌的关注。如果是索性不化妆的话还好，最最可怕的便是熊猫眼的脱妆现象啊！

事实上，脱落的彩妆不但会使得自己的妆容变得难看，也会给人不修边幅、邋遢的感觉。如果是眼睛处的睫毛或者眼线脱妆，那么就更难看了。身为美女，怎么可以允许这样的事情发生呢！

快速的补妆不但可以避免这种尴尬，而且操作快速简单，绝对不会影响自己的工作进度哦！

补妆小妙招

随身携带的补妆用品可不能少哦！

小镜子
用来检查是否脱妆
保湿喷雾
时刻为皮肤补充水分
纸巾／化妆棉／吸油纸
吸去脸上的汗水油脂
棉棒
小面积的修补妆容
具有防晒功能的乳液
在出门的时候防晒，可以用来卸妆
粉底液
补救脱妆严重的区域
粉饼
用来定妆、补粉
眼影
修补眼妆

睫毛膏
涂睫毛
眼线单品
修补眼线
眉笔
修补眉毛
腮红
为脸颊增添颜色
蜜粉
使皮肤晶莹剔透
唇彩
唇部颜色不能忽略

在补妆前和补妆的时候，注意下面 4 点，将会使自己的妆容和重新画出来的一样哦！

1. 注意每隔一段时间便要检查一下面部是否有出现油脂的区域，是否有干燥的区域。

2. 将一张面巾纸展开置于整个面部，双手轻轻按压纸巾。面巾纸可以比吸油纸更好地一次性吸收面部多余的油分。但是要特别注意避免为了更彻底地清除油脂而使用双手在面部来回揉搓，因为这样做会使粉底变花。

3. 使用保湿喷雾可以让皮肤更滋润透亮，也能使妆面更加服帖。但是要注意，保湿喷雾离脸部要 15 厘米左右的距离，这样喷到脸上才会是雾状的水滴。

4. 很多人补妆都习惯用粉饼。但是实际上在脱妆的部位使用粉底液进行补妆，再用粉饼来定妆，这样的效果要好很多，也能避免补出的妆面薄厚不均。

懒妹美丽日记

9月18日

胃是腹腔中容纳食物、消化食物的器官。其外形屈曲，上连食管，下通小肠。主受纳腐熟水谷，为水谷精微之仓、气血之海。胃以通降为顺，与脾相表里，脾胃常合称为后天之本。胃与脾同居中土，但胃为燥土属阳，脾为湿土属阴。

正因为胃有着消化食物的功能，所以胃部的健康对于我们人体的健康格外重要，因而很多人也更加注重于养胃。

养成良好的生活习惯

少吃多餐，饭只吃七分饱。早上要吃好，中午要吃饱，晚上要吃少。忌暴饮暴食。

改变饮食习惯

按时就餐，坐着吃饭而不要站立或蹲着。戒吃辛辣、油炸、烟熏食物如烧烤等，不吃过酸、过冷等刺激强烈的食物，不饮酒，少饮浓茶、咖啡等。多吃素菜和粗纤维食品，如芹菜、香菇等。

积极食疗和按摩保健

羊肉、狗肉等温热食物均有养胃效果，适合胃寒病症；大蒜消毒杀菌，可以帮助消除炎症，建议多吃；另外，枸杞子、银耳、红枣、核桃都可以做零食或入菜。饭后、睡前还可以稍稍按摩胃部，促进胃部功能。

10月7日

皮肤生物钟

皮肤也有生物钟哦！皮肤的生物钟每天都会随着时间的推移而变化，抗老化最有效的手段就是根据皮肤的生物钟，对皮肤进行最有针对性的保养方式！

时间	皮肤状态	适宜保养方式
上午6～7点	皮肤的抵抗能力降低，细胞的活动能力降到最低点，容易出现脸部水肿、油脂增加等状况	使用洁面乳、保湿乳霜、防晒霜
上午8～12点	皮肤的抵抗力达到顶峰，组织抵抗能力最强。此时是处理问题皮肤的最佳时刻	使用具有除角质、祛痘等功效的产品
下午1～3点	身体开始倦怠，皮肤的吸收能力变弱，脸部容易出现细纹	用保湿面膜敷脸或涂保湿乳霜
下午4点至晚上8点	皮肤的吸收与修复能力又恢复到最佳状态，能充分吸收营养。此时是一天中保养的好时机	各种保养方式均可
晚上9～11点	血压下降，皮肤容易敏感。睡前不喝太多水，以免早晨脸部水肿	清洁面部，适当按摩
夜间零点至次日凌晨5点	皮肤的吸收与修复功能达到最佳状态，细胞的新陈代谢十分旺盛，应该尽量避免熬夜	涂抹美白产品或者滋润晚霜

10月16日

最近因为连下了几场雨，所以天气相当凉爽，而秋天来了，胃口自然也会好了！

秋天不用贴秋膘

很多人都会喜欢在这个时节海吃海喝贴秋膘。殊不知秋膘贴容易，减下难。

其实贴秋膘是因为过去生活条件不好，所以才在秋季多进补，以备度过寒冷的冬天。但是现在生活水平提高了，已经没有必要贴秋膘了，只要日常多吃水果、蔬菜和乳制品，再配合适量的运动，就能增强体质，抵御寒冷。再加上寒冷的北方都有暖气，所以冬天自然也不是那么难熬了。

因为冬季的运动量减少，所以贴上去的秋膘在冬季很难消耗掉。而春天来临的时候再忙碌地进行减肥，会破坏自己固有的生活、作息、饮食习惯，反而得不偿失。还不如一年四季都保持健康的饮食习惯，让自己的身材一年四季都那么匀称动人。

最后南瓜提醒各位美女，我们为了自己的身材，一定不要暴饮暴食哦！

11月8日

今天北京降温了，外面的温度和前几天相比简直是天壤之别，南瓜感觉自己马上就要变成冬眠的熊了，每天都想缩在被窝里面不出门。还好工作室就在同一个小区里面，要不南瓜肯定会每天都迟到哦。

在苦恼了许久之后，南瓜终于给工作室买了一个加湿器。

没有办法，家里和工作室的暖气太足了，每天都感觉很干燥，身上也非常痒，就算使用了润肤露，不到一个小时，腿上的干皮又全部冒了出来，超级恐怖。

看着加湿器喷出的雾气，俺又决定往里面加几滴具有安神效果的精油来舒缓自己的神经，真的好舒服啊！屋子里面满满飘散着薰衣草淡淡的香气，工作了一天的疲劳全部都消除了哦！感觉身心都被净化了！

用精油净化身心

南瓜的加湿器，是便宜又好看的促销货！

睡眠不好的时候要选择薰衣草精油。

1. 加湿器的注水口涂抹上精油。

2. 手帕上倒上精油，调理自己的状态！而且一整天都能闻到好闻的气味！

3. 热水中加入精油，香味弥漫整个小屋！注意不能喝哦！

4. 洗澡的时候加入精油，可以滋润皮肤，放松心情哦！

选择合适的精油

精油的选择要慎重哦！这是南瓜自己的经验之谈。之前在烦躁的时候，俺使用了可以让抑郁情绪高涨的依兰油，反而让自己更加抓狂了。

现在有贩卖自由挥发的瓶装精油，虽然很便利，但是却让使用薰衣草精油的南瓜每天都昏昏欲睡。

心情烦躁想发脾气、心情低落等，精神压力产生的情绪每个人都有所不同。所以大家一定要根据不同的心情来选择精油呀！

心情烦躁情绪不稳时

薰衣草：有消除精神紧张、使烦躁不安及易怒的心情镇静、调节心理平衡的作用。因为有催眠作用，所以作为睡前香料最合适。头痛和肩膀酸痛时也可以使用。

甘菊：让不安、紧张、易怒的心情平静，恢复放松状态。失眠时也可以使用。还有缓解身体疼痛和消炎的作用。

蜂花：也被称为蜜蜂花。平复因惊吓和恐惧导致的精神混乱，让心情重新美丽。痛经严重时使用，可起到放松的效果。

薄荷油：可以让极度兴奋、烦躁不安的神经冷静下来。同时具有提神、提高注意力的作用。对咳嗽和鼻塞也有一定的效果。

心情低落没有干劲时

依兰油：是针对没有精神、抑郁状态的代表香味。有消除不安和恐惧，重新恢复活力的作用。对全身疲倦也非常有效。

茉莉：给失去自信、没有活力的心情补充能量。同时有让心情平静的作用，需要集中注意力时，请避免使用。

迷迭香：疲劳、没有精力时，可以恢复体力，振奋精神。有提高集中注意力和改善记忆力的作用。对改善身体水肿也很有效。

玫瑰：熟悉的玫瑰香味可以缓解抑郁、悲观、讨厌自己、嫉妒等负面情绪，给人一种安心和幸福感，让人心情积极向上。

小重点 怀孕期间要避免使用茉莉和迷迭香。

11月20日

在寒冷的冬天，最惬意的事情莫过于泡一个舒舒服服的热水澡。虽然说没有那么多的闲钱去泡温泉，但是用家里的浴缸也可以享受一把！

享受泡澡

让朋友从日本带回来的温泉粉，不但可以在家里享受到泡温泉的效果，而且对皮肤病症、高血压、动脉硬化、慢性心血管疾病者有良好的改善，还可以使疲劳恢复；对于肩酸、腰痛、关节炎、畏冷症、手脚干裂、湿疹、神经痛等也都有很好的疗效。

泡澡的时候可以更加悠然自得，可以看看书，或者听听音乐。将塑料泡沫板搭在浴缸上面，可以制成简易的浴缸漂浮板。

大概泡20分钟之后，可以用搓澡巾搓掉泡下来的死皮。一周泡一次就可以了，泡的过于勤快反而对皮肤不好呢！

12月24日

今天是平安夜，虽然俺并不是基督教徒，但还是决定出去得瑟一下！

可是最近手里金钱紧张，也没有那么多的闲钱去买衣服，怎么样才能穿出新鲜感呢？这可愁坏了南瓜。

于是翻腾了整个衣柜，找出了一些夏天的衣服。

好吧……穷人有的时候也很悲哀……不过不要紧，用夏天的衣服也能搭配出明星般的冬装哦！

夏天的衣服搭配冬装

在某童装店买的大号纱质黑裙。

全是纱，很飘逸的蕾丝花边，大爱！

印着金色骷髅的黑色领带，用来走学院风……虽然年龄一大把了，但是还是超级爱学院风。

五元店淘的花布装饰皮筋，有些恶俗，但是好在个小，单独装饰在团子头旁边效果很好！

小熊家的学生风格衬衣，
质感不错，而且是经典的
格子图案。
装清纯？！

妈妈买的羽绒服，橘黄色
的。尤其在晚上穿很安
全——因为太显眼了。

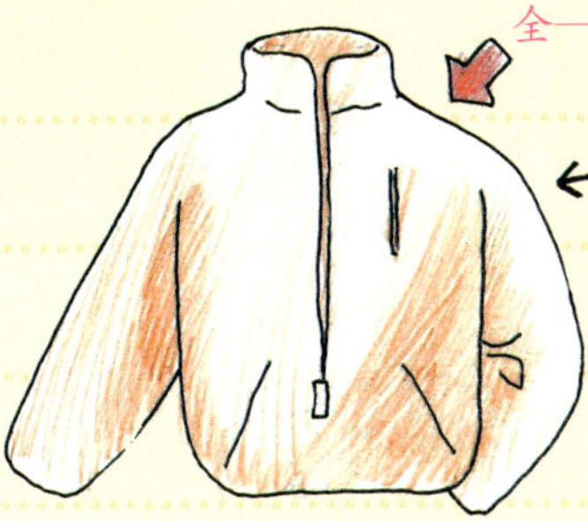

南瓜喜欢把手机放
在上面的口袋里，
这样可以把手机的
装饰放在外面，而
且还可以防盗。

毛线裤，有
各种颜色！
在网上买的，
价格超级便
宜，而且还
有不同的花
纹，上腿效
果很好。

属于自己的颜色

总体来说属于自己的自身色，就是“让自己看起来很耀眼的颜色”“让别人觉得自己信心足的颜色”“让自己形象提升的颜色”。

比如，紫色是今年的流行色，有些人穿上紫色的衣服会显得高贵有气质，但是有些人穿上紫色的衣服却感觉比实际年龄大了好多，而且肤色也会显得晦涩不透明，整个人显得非常没有精神。即便是当年最流行的款式，也会因为颜色的不合适而大打折扣。

合适自己的颜色不但可以让脸色显得明朗，而且还能提升整体印象，带来生机勃勃的感觉。

我们自身也具有特定的颜色。比如说皮肤的颜色、眼眸的颜色、发色、唇色、指甲的颜色……随着化妆用品日益丰富，在日常生活中，我们的发色、眼眸的颜色、唇色、指甲的颜色都可以改变。除了这些本身的颜色之外，肤色、我们自身的相貌、气质都与适合自己的颜色密切相关。不过对于自身的颜色来说，占有绝大面积的肤色是所有要素中最有影响力的因素。

需要注意的是，我们喜欢的颜色并不等于自身的颜色，所以即便是自己特别喜欢的颜色，如果不适合自己，那么一定要避免大面积的使用，同时避免和自己的皮肤相靠近的地方使用。

人的颜色分类

人的颜色可以按照四季的颜色来进行分类，分为春天、夏天、秋天、冬天四种颜色，不同属系的颜色的人，其气质也各不相同。

其中春天和秋天型的人属于暖

色型的人，而夏天和冬天型的人则属于冷色型的人。

春天型的人给人活泼、可爱的感觉 无论是服饰还是彩妆、发色，按照之前讲解的适合颜色可以让自己的魅力大增。需要注意，不适合的颜色大面积使用坚决避免。富有生命力的颜色是春天型的人最适合的颜色。

夏天型的人给人健康、清爽的感觉 强烈的对比，能让夏天型的人耀眼但不张扬。

秋天型的人给人华丽、浓艳的感觉 稳重、温暖的颜色可以凸现秋天型的人之优雅、知性的气质。比起华丽、艳丽的颜色，沉静、平和的颜色才是上选。

冬天型的人给人冷艳、优雅的感觉 奢华、浓艳的颜色是冬天型的人的特权。即便是简单的衣服，冬天型的人也能穿出性感、妩媚。

12月26日

虽然难以启齿，但是因为每个月的好姐妹来的时候，脸上会长好多痘痘，而且因为体内的火气很大，每个痘痘都又红又痛，好可怕啊！！

排毒小妙招

排毒的绿茶面膜

自制的排毒餐

鸡肉洋葱卷

材料：鸡胸肉200克，洋葱1/2颗，胡萝卜少许，生抽2勺，料酒1勺，食盐适量，糖少许。

做法：1. 将鸡胸肉切薄片，洋葱和胡萝卜切丝。

2. 鸡胸肉用生抽、料酒、食盐、糖腌制10分钟。

3. 洋葱和胡萝卜丝用开水焯熟。

4. 把洋葱和胡萝卜用鸡胸肉卷上，用牙签固定。

5. 将鸡肉卷用油煎熟即可。

用绿茶泡出的水洗脸

1月1日

今天是新年第一天，南瓜在闲暇之余，将之前拍摄的正面大头照拿出来对比。

哇！南瓜惊喜的发现，自己的脸颊瘦了！而且是没有拔牙瘦了！自己的脸部轮廓也比半年前提升了！在之前万恶的公司做牛做马累出来的法令纹也变轻了。呜呜呜～～真是不容易啊！

这样看来，每天的按摩真的是很有效果呢！虽然每天和每天都看不出来，但是真的有效果呢！

紧致小脸的美人按摩法

1. 紧闭双唇，嘴角尽量上扬。

2. 保持上面姿势，把上下唇尽量朝内抿。

3. 张开嘴巴，同时眼睛向上方看。

4. 用拇指从鼻翼两侧向斜上方滑动按摩。

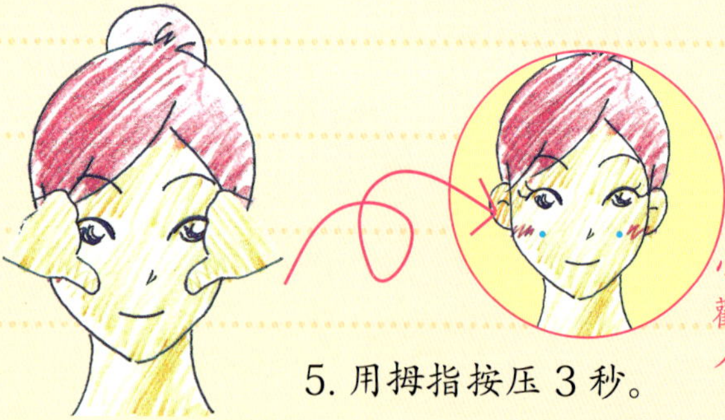

5. 用拇指按压 3 秒。

小重点
颧髎穴在这个位置。

6. 拇指和食指沿着脸两边的肌肉揉捏按摩。

7. 手指从嘴角两边朝着太阳穴滑动按摩。

8. 用拇指从下颌中央朝着耳侧滑动按摩。

9. 在鼻子下方按压 3 秒钟。

10. 用拇指从嘴角朝着颧骨推压 3 秒。

11. 用拇指从下颌中央朝着耳侧滑动按摩。

12. 将头向后仰起，眼睛也尽量向上方看。

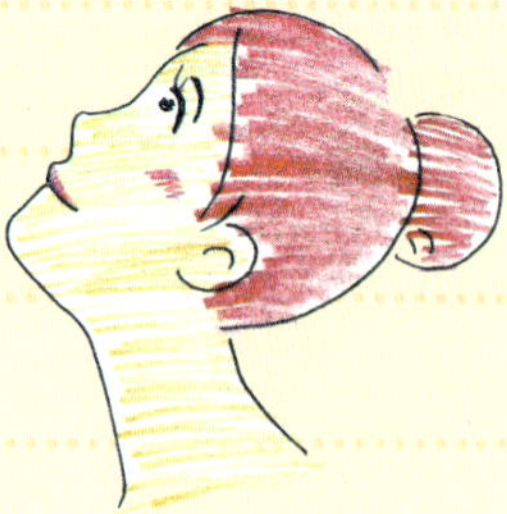

13. 保持上面姿势，将下唇朝内抿起。

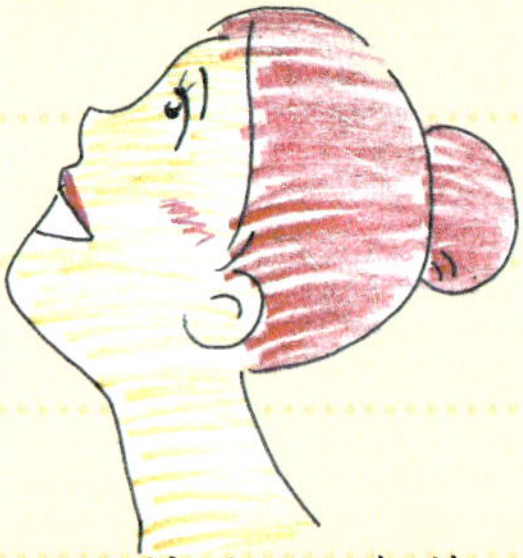

14. 保持上面姿势，张开嘴巴，把注意力放到下巴到脖颈的线条部位上，保持5秒。

15. 双手手掌从耳后向肩膀滑动按摩。

脸部按摩的注意事项

在进行脸部按摩的时候有一些注意事项南瓜要提醒一下各位美女。

在进行按摩之前，一定要先清洁皮肤，并且涂抹上适合自己的按摩霜。现在市面上的按摩霜也有不同的功效，可以选择最普通的按摩霜；也可以选择带有美白、保湿、除皱这样特殊功效的按摩霜；还可以根据自己的需求，在按摩霜中添加一些适合自己的精油！如果家里没有按摩霜，那么就要选择适合自己肤质的乳液来进行按摩，但是要注意，因为乳液吸收得很快，所以在按摩的时候要根据情况及时添加乳液，以免皮肤干燥，对皮肤造成损伤。

还有一点比较重要的是，按摩的时候，手法一定要轻柔！虽然很能理解美女们希望立刻见效的心情，但是过犹不及，过重的按摩手法不但不会对紧致皮肤有所帮助，反而会拉伤皮肤，甚至还可能让皮肤更加松弛哦！

1月7日

后记

今天是过完元旦的第二天，也是悠闲的元旦假期进行时。

南瓜翻了翻这一年来写的日记，惊奇地发现居然洋洋洒洒都写了厚厚的一本了！这本日记能出版，真要感谢金盾出版社的各位编辑老师的辛苦工作！每次拿回校对稿，看着编辑老师们在上面仔细的批注，心中满满的都是感动！

对于我来说，这本日记中还有很多很多都没有写出来，还有很多需要补充的内容，在此，向各位读者表示歉意，如果还有机会，南瓜将会写出更多的心得来和大家分享！

虽然日记中并没有提及，南瓜在这本日记出版的时候，已经是两个娃娃的妈妈了！在此，希望各位读者也永远保持年轻充满朝气的状态哦！

最后，深深地感谢购买本书以及关注南瓜其他作品的每一位读者！真的谢谢大家对于南瓜的支持！我们下本书再见啦！